Afrika und Ägypten

Zwischen Cheikh Anta Diop und Jan Assmann – Die Schwierigkeiten einer Begegnung

Hans-Bonnet-Studien zur Ägyptischen Religion (HaBoS)

Band 6

Hans-Bonnet-Studien zur Ägyptischen Religion (HaBoS) werden herausgegeben von Ludwig D. Morenz

Heinrich Balz

Afrika und Ägypten

Zwischen Cheikh Anta Diop und Jan Assmann – Die Schwierigkeiten einer Begegnung

Mit einem Beitrag von Martin Fitzenreiter

Erzählung und Erinnerung

Zur Polyphonie von Aneignung

EBVERLAG

Bibliografische Information der Deutschen Nationalbibliothek
Die Deutsche Nationalbibliothek verzeichnet diese Publikation in der Deutschen Nationalbibliografie; detaillierte bibliografische Daten sind im Internet über http://dnb.d-nb.de abrufbar.

Umschlagmotiv: Carte des migrations des populations négro-africaines à partir de la région du Haut-Nil et des Grands Lacs; Abb. 51 aus: Cheikh Anta Diop, Nations nègres et culture, Paris 1955, 3. Aufl. 1979, Abb. 51.

Umschlag | Layout: Rainer Kuhl

ISBN: 978-3-86893-392-5

Internet: www.ebverlag.de
E-Mail: post@ebverlag.de

Printed in Germany

INHALTSVERZEICHNIS

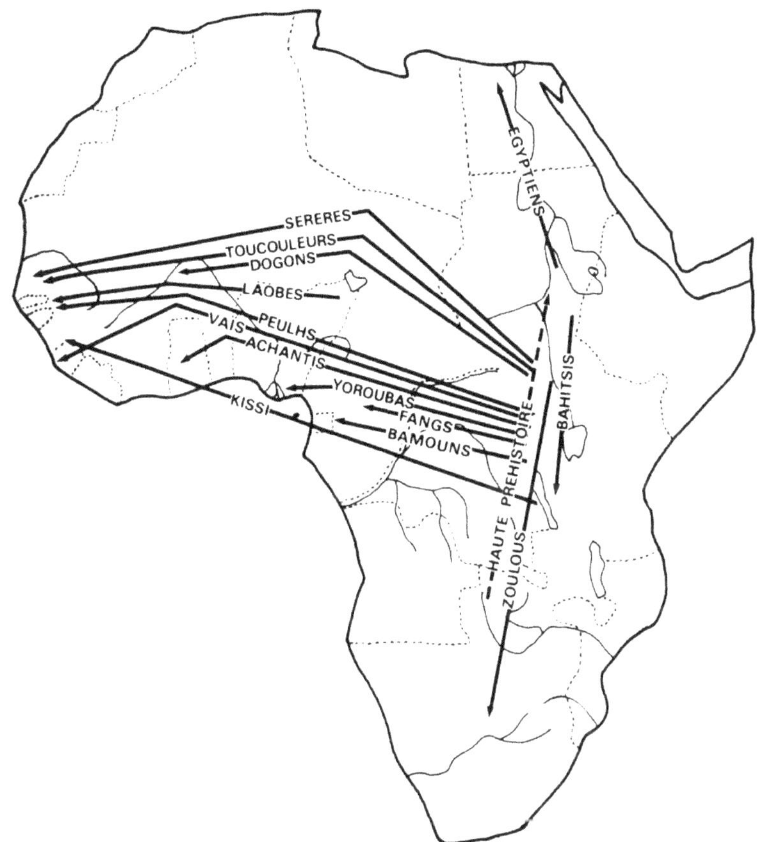

Carte des migrations des populations négro-africaines à partir de la région du Haut-Nil et des Grands Lacs; Abb. 51 aus: Cheikh Anta Diop, Nations nègres et culture, Paris 1955, 3. Aufl. 1979, Abb. 51.

VORBEMERKUNGEN

Wo in Afrika liegt Ägypten? Im Nachdenken über Afrika spielt das pharaonische Ägypten als die älteste einigermaßen gut erforschte Kultur des Kontinents eine besondere Rolle; in der Beschäftigung mit Ägypten ist die afrikanische Verortung seiner antiken Kultur eine bleibende Herausforderung. Die Frage beschäftigt Afrikanistik und Ägyptologie; die afrikanische Forschung wie die im Westen.

Der vorliegenden Band ist das Ergebnis eines andauernden Austausches. Heinrich Balz ist nicht nur ein ausgewiesener Religionswissenschaftler, sondern auch ein profunder Kenner der afrikanischen Wissenschaftswelt. Ihn bewegt, was die beiden Forschungswelten verbindet und unterscheidet, wo sie sich befruchten oder wo sie andere Wege gehen. Hier liegt das Thema des Buches.

Indem ich in diesem andauernden Austausch die Rolle des Ägyptologen spiele, ist es ein Austausch nicht nur von Gedanken, Anregungen und Argumenten. Es ist auch ein Austausch zwischen zwei Generationen und mitunter auch zwischen zwei Seiten einer inzwischen fast vergessenen Systemkonfrontation von Ost und West. Auch wenn dieser Aspekt nicht Gegenstand der folgenden Erörterungen ist, so stellt sich doch eine interessante Frage: Wie wird sich die nächste – eigentlich also die aktuelle, um 2000 geborene – Generation zu diesen Fragen positionieren?

Die Frage ist nicht trivial, denn sie bezieht sich auf das Verstehen überhaupt, über Grenzen hinweg. Grenzen von Raum und von Zeit; solche, die politische, soziale, ethnische oder geographisch Räume definieren, aber auch solche der Generationen. Wobei „Verstehen" hier im Wortsinn gemein und auch auf den Sinn der Worte zu beziehen ist. So ist schon an dieser Stelle eine das Nichtverstehen hoffentlich mildernde Bemerkung angebracht. Wenn im Folgenden das der französischen Sprache entlehnte Wort *nègre* benutzt wird, dann ist dieses *nègre* als Konstrukt Cheikh Anta Diops genau so zu verstehen: als ein Epistem, dessen *différance* (Jacques Derrida) zum *negro* und erst recht *nigger* als Medium einer Selbstermächtigung zu beachten ist – die daher auf keinen Fall sprachpolizeilich verwischt werden darf. Dass ich diesen Hinweis für nötig erachte, ist bezeichnend.

Unser Dank gilt Ludwig D. Morenz, der mäandrierenden Fragen und Gedanken gegenüber immer aufgeschlossen ist und diesen Text in die Reihe der Hans-Bonnet-Studien aufgenommen hat. Hans Bonnets Studien zur pharaonischen Religion hatten nicht zuletzt zum Ziel, die Fülle der Erscheinungen auf Gemeinsamkeiten und Ursprünge zurückzuführen. Dabei Afrika im Blick zu behalten und die Positionen afrikanischer Wissenschaftler in den Blick zu bekommen, ist Ziel dieses Bandes.

Martin Fitzenreiter, Münster im September 2021

AFRIKA UND ÄGYPTEN

Zwischen Cheikh Anta Diop und Jan Assmann: Die Schwierigkeiten einer Begegnung

Heinrich Balz

Wissenschaft ist die Kunst, Dinge nicht durcheinander zu werfen, sondern sie mit Bedacht auseinander zu halten, ihnen ihren Ort anzuweisen im Ganzen des Wissbaren und Erforschbaren. Gerade wer unterschiedliche Dinge lehrend zu vertreten und Studierende in sie einzuführen hat, dem wird dies immer wieder schmerzhaft bewusst: Wissenschaft ist Unterscheiden was alltäglich beisammen ist. Doch dann kann er sich der anderen Erfahrung auch nicht entziehen: Wissenschaft ist verknüpfen, Verschiedenes sinnvoll in Beziehung miteinander bringen – und sei es nur, weil er selber als lebende Person nicht nur für eines, sondern für weit Auseinanderliegendes zuständig ist und selber es notwendig zusammen lebt.

Dies lässt sich veranschaulichen. Kurz vor der Jahrtausendwende, 1998 hatte ein Religions- und Missionswissenschaftler sechzigjährig die Lehrtätigkeit in Berlin aufgegeben, um sich noch einmal bei afrikanischen Theologiestudenten unterrichtend für fünf Jahre zu betätigen, dieses Mal in Makumira in Tanzania. Die dortige Theologische Fakultät verfügt über eine stattliche Bibliothek von mehreren zehntausend Büchern. In ihr fand er einiges, um seinen eigenen Berliner Interessen weiter nachzugehen: Henri Frankfort, *Kingship and the Gods* 1948, ein Buch über Ägypten und Mesopotamien, das am Rande auch auf die Ägypten umgebenden afrikanischen „Wilden" kommt, aber nicht bestreitet, dass die Ägypter ein gemeinsames „Substrat" mit den Afrikanern haben. Unerwartet fand sich dort auch ein anderes deutsches, ein Berliner Buch, eine kommentierte Sammlung von Texten Cheikh Anta Diops unter dem Titel *Afrika – Mutter und Modell der europäischen Zivilisation? Die Rehabilitierung des Schwarzen Kontinents durch Cheikh Anta Diop,* Berlin 1990. Keines der beiden Bücher spielte in den theologischen Lehrveranstaltungen der Fakultät in Makumira eine Rolle. Ägypten kam nur in der Exegese des Alten Testaments vor als Land der Knechtschaft, aus welchem Gott sein Volk in die Freiheit führte. Der Senegalese Diop mit seiner Botschaft, die alten Ägypter seien dunkelhäutig gewesen und folglich ein entscheidender Bestandteil afrikanischer Identität bis heute, war, auch weil er nicht zum englisch- sondern zum französischsprachigen Afrika gehört, gänzlich unbekannt. Dr. J. Parsalaw, in Erlangen promovierter Kirchengeschichtler vom Volk der Massai in Makumira, gestand mir zu, dass solche Ideen den Studenten bekannt gemacht und diskutiert werden sollten, sah aber für sich selber keinen Handlungsbedarf. Für die afrikanische Vorgeschichte der Menschheit insgesamt gehen Tanzanier lieber nach Olduvai in der nahen Serengeti zum *homo habilis* vor zweieinhalb Millionen Jahren – Ägypten zählt nicht zur Identität Afrikas. Dass ein lebhaftes Gespräch afrikanischer Wissenschaft mit altägyptischem Denken dennoch stattfindet, davon überzeugte mich Jahre später bei einem kürzeren Lehraufenthalt im Lubumbashi im südlichen Kongo die Begegnung mit Professor J. Mabika Nkata, von dem weiter unten zu berichten sein wird.

Der besagte deutsche Professor erinnerte sich in Ostafrika zurück an Berlin, die Stadt der Museen und der vielfältigen Spezial- und Regionalwissenschaften, worunter der Ethnologie und der Ägyptologie. In den Jahren der politischen Wende und der Überführung der Kirchlichen Hochschule in die Humboldt Universität hatte er dort im neuen Rahmen als erstes die Vorlesung „Einführung in das Studium afrikanischer Religionen“ gehalten. Diese hatte ein wissbegieriger Ost-Berliner Student der Ägyptologie gehört und ließ sich dadurch motivieren, wenige Jahre später, inzwischen selber promoviert, ein gemeinsames interdisziplinäres Seminar „Totenrituale in Schwarzafrika und im Alten Ägypten“ mit zu gestalten, wohl wissend, dass dies im Programm der Berliner Ägyptologie nicht vorgesehen war. Der ganze schwarze Kontinent ist ein großer Friedhof, Ägypter wie Schwarzafrikaner haben beide im Horizont der gesamten Menschheit ein überdurchschnittliches Interesse am Tod und an den Toten – sie haben sich gegenseitig etwas dazu zu sagen, auch wenn sie das gemeinsame Interesse unterschiedlich akzentuieren.

Was von den alten Ägyptern und den vormodernen Afrikanern als gemeinsames Thema vermutet werden kann, das ist unter den lebenden Vertretern beider mit ihnen befassten Spezialwissenschaften weniger gewohnt, weniger selbstverständlich. Es gibt Widerstände gegen solche Interdisziplinarität: Osiris ist kein Afrikaner, so fühlt man, und Gottes Volk soll nicht zurück in ägyptische Knechtschaft.

Inzwischen, zwanzig Jahre später, hat sich die fachübergreifende Kooperation von Berlin fortbewegt, nordwärts nach Münster in Westfalen, südlich, nicht mehr an eine Universität gebunden, ins ruhige Schwabenland. Der Professor von Berlin und Makumira fragt sich im Ruhestand, wie das begonnene interdisziplinäre Projekt auf festeren tragfähigeren Grund gestellt werden könnte. Die Antwort ist einfach: Im Nachzeichnen der beiden Seiten, auf der einen Seite, wie der ungestüme Griff Afrikas nach Ägypten zu verstehen ist; und auf der anderen Seite, wie in heutiger Ägyptologie Afrika vorkommt oder nicht vorkommt, und wo mögliche verdeckte Anschlussstellen dort der Aufnahme harren. Letzteres geschieht am besten am weitgespannten, in die allgemeine Diskussion hinausgreifenden Werk Jan Assmanns. Es geht darum, auf beiden Seiten, die Bausteine und Materialien zusammenzutragen, die ein künftiges ergiebiges Gespräch ermöglichen könnten.

Ein umfassender, nichts auslassender Forschungsbericht wäre hierzu von Nutzen. Der ist aber nicht zu leisten von einem Emeritus im schon vorgerückten Teil seines Ruhestandes. Nach achtzig sollte man auch nicht mehr umfassend wie die Jungen Neues in Angriff nehmen. Sinnvoller ist, schon Gesagtes mit freiem Exkurs erweiternd zu unterbauen, eine Grundlinie aufzuzeigen, die andere dann auf ihre Weise ausbauen oder modifizieren. Die ruhestandsbedingte Ferne von der Universität bewirkt auch eine Auflockerung der Sprache: nicht alles artikuliert sich mehr in wissenschaftlicher Prägnanz und Kürze. Es wird andeutungsweise feuilletonistisch und umgangssprachlich. Aber der thematische Bezug, die zusammenhaltende Frage und Sache bleibt.

I. AFRIKAS GRIFF NACH ÄGYPTEN

A. Die Herausforderung: Cheikh Anta Diop

1. Der UNESCO-Vortrag 1974

Cheikh Anta Diop, von dessen Werk aus Afrikas Griff nach Ägypten im Folgenden aufgezeigt werden soll, ist 1923 in Senegal im Volk der Wolof als Sohn moslemischer Bauern geboren. 1946 ging er zum Studium nach Paris und studierte zunächst Physik und Chemie, dann zusätzlich Geschichte, Ägyptologie und Sprachwissenschaft. 1951 machte er einen ersten Versuch der Promotion an der Sorbonne, der aber nicht erfolgreich war. Die Arbeit wurde 1955 als *Nations nègres et culture* veröffentlicht. Weitere Publikationen zum Ausbau seiner These vom schwarzafrikanischen Ursprung des alten Ägypten folgten. 1960 kehrte er in den Senegal zurück. Er starb 1986.

Wie Diop zu lesen, wie in sein Werk auf gute Weise hineinzukommen sei, das ist umstritten und hat wohl zuerst mit seiner allgemeinen Umstrittenheit als Ideologe, Wissenschaftler und streitbarer afrikanischer Intellektueller zu tun. Ihn wegen radikaler unwahrscheinlicher Thesen auf Schlagworte zu reduzieren und ungelesen liegen zu lassen, wie besonders die Ägyptologie versucht ist zu verfahren, kann nicht die Lösung sein – und alles fraglos anzunehmen, was er vertritt und fordert, geht von Europa aus auch nicht. Sein geschriebenes Werk erfordert einige Geduld und Zeit, und neben dem kritischen Teil darf dabei der positive: das was er an Afrika und Ägypten neu sieht und sehen lehrt, nicht vernachlässigt werden. Ähnlich schwierig ist es, den methodisch-wissenschaftlichen Teil seines Werkes sauber zu trennen vom spekulativen, in manchem phantastischen Teil, und dann zu entscheiden, ob auch dieses Phantastische seinerseits zum Gegenstand wissenschaftlicher und hermeneutischer Befragung werden soll: in einigem scheint es so. Im Wissen um diese

Schwierigkeiten sucht das folgende Referat einen Weg hinein in Diops Denken: zuerst anhand seines UNESCO-Beitrags „Origin of the ancient Egyptians“ 1974, zweitens seiner frühen Bücher *Nations nègres et culture* 1954 und *L‘unité culturelle de l‘Afrique noire* 1959 und drittens schließlich mit einem eingehenderen Blick auf Diops letztes Buch *Civilisation ou barbarie* 1981, das einige der voraus vertretenen Gewissheiten wieder in neue Fragen und relevante Widersprüche aufhebt.

Der im UNESCO-Band dokumentierte Vortrag Anta Diops, 1974 bei einem Symposium in Kairo gehalten, „The Origin of the ancient Egyptians“[1], ist als solcher und für sich genommen eher unbefriedigend, fast enttäuschend. Er trägt die These vor, dass die Gründer der ägyptischen Kultur von schwarzer Hautfarbe waren, negroes, und belegt sie aus der physischen Anthropologie, aus der Darstellung der Einheimischen und der unterworfenen Fremdrassigen in ägyptischer Kunst, aus antiken griechischen Autoren, insbesondere Herodots, und aus der Bibel sowie aus linguistischen Beobachtungen zur Verwandtschaft des Altägyptischen mit afrikanischen Sprachen, besonders dem Walaf in Senegal, seiner eigenen Muttersprache. Die weitere These von der Abstammung und Wanderung aller heutigen schwarzafrikanischen Kultur von Ägypten in ihre heutigen Wohngebiete klingt nur am Rande an, sie ist nicht Thema. Es geht um die Herkunft der alten Ägypter aus Afrika, nicht aus Asien oder dem nahen Orient. Die an der Vortrag anschließende referierte Diskussion läuft im Wesentlichen darauf hinaus, wie groß der schwarzafrikanische Anteil an der altägyptischen Bevölkerung war: keiner der anwesenden Gelehrten leugnet ihn ganz, aber auch keiner – mit Ausnahme von Th. Obenga, Anta Diops Schüler – übernimmt seine These von der *homogen* negroiden Urbevölkerung des alten Ägypten. Der Herausgeber des Bandes afrikanischer Geschichte, der Ägypter G. Mokhtar, verweist in einer abschließenden

[1] G. Mokhtar (Ed.), *General History of Africa*, Abridged Edition, II Ancient Civilizations of Africa, Berkeley California 1990, „Origin of the Ancient Egyptians“, 15-32. Im Anhang der Bericht von der Diskussion über Diops Vortrag, 337-357. Zum Projekt und zu der Durchführung der achtbändigen *History* s. J. Vansina, „UNESCO and African Historiography“ in *History in Africa*, 20, (1993), 337-352.

Anmerkung darauf dass „The arguments put forward in this chapter have not been accepted by all the experts interested in the problem".[2]

Die Auseinandersetzungen und Anta Diops eigene Motivation sich mit dem alten Ägypten wissenschaftlich zu beschäftigen, sind darum anderswo in seinem veröffentlichten Werk zu suchen, besonders in dem ersten Buch, das seine Doktoratsthese an der Sorbonne hätte werden sollen, dort aber nicht angenommen wurde, *„Nations nègres et culture"* 1955, das aber später in mehreren Auflagen im Verlag Présence africaine veröffentlicht wurde[3].

Schon im Vorwort der ersten Fassung von 1954 spricht Anta Diop klar aus, wogegen seine Forschungsarbeit sich richtet: gegen die kulturelle Entfremdung, die den Afrikanern aufgenötigt wird von europäischen d.h. „weißen" Darstellungen afrikanischer Geschichte, welche den Kolonisierten jede eigene kulturelle Leistung abspricht und, wo sie damit nicht durchkommt, von mythischen „Weißen mit schwarzer Haut" phantasiert (13-21)[4]. Die Afrikaner müssen sich selber ihrer Herkunft und ihres Erbes annehmen, was aber in noch kolonialer Zeit nicht leicht fällt. Anta Diop unterscheidet drei verschiedene Tendenzen schwarzer Intellektueller angesichts der eigenen Geschichte: Erstens die wissenschaftlich-modernistischen Kosmopoliten, zweitens die Intellektuellen, die ihre marxistische Ausbildung vernachlässigt haben, und drittens die formalistischen Antinationalisten (20-23).

Am ernstesten nimmt er die erste Gruppe: sie sind am tiefsten von der kulturellen Entfremdung geprägt und neigen der „assimilation" an westliche französische Kultur zu. Sie sehen nicht, wie die westlichen Modernen durchaus ihre eigene Geschichte bewahren, und nur darin, das Gleiche mit ihrem eigenen Erbe zu tun, sollten sie den Afrikanern Vorbild sein. Ohne eigene Vergangenheit führt kein Weg in echte Zukunft. Das wissenschaftliche Denken muss von den Afrikanern angeeignet werden,

---

2 145.

3 C. A. Diop, *Nations nègres et culture,* Paris, (1955) ³1979, 2 vols.

4 Einfache Seitenverweise inskünftig in Klammern im Text.

dann erst wird ein internationaler Wettbewerb möglich werden, was freilich auch die politische Unabhängigkeit Afrikas zur Voraussetzung hat. Gemeinsamen Projekten der Kolonisierten mit den vormaligen Kolonialherren ist zu misstrauen: sie mögen einzelnen eine Karriere ermöglichen, aber es geht um Bildung für die vielen, und diese setzt politisch freie Entwicklung Afrikas voraus. Was Lenin für Russland gefordert und durchgesetzt hat, gilt auch für Afrika: zuerst die politische Macht erkämpfen, und dann die Kulturziele durchsetzen.

2. Zwei Wiegen der Kultur und die eigene Entfremdung

In *Nations nègres et culture*, dem Buch, das 1951 Diops Doktordissertation an der Sorbonne hätte werden sollen, ist der Grundton der Deutung der Kulturgeschichte ein zwar dramatischer, aber im Grunde zuversichtlicher und optimistischer. Die ägyptisch-afrikanische Sicht der Welt, die am Anfang aller menschlichen Kulturentwicklung stand, gehört auch die Zukunft – dann, wenn die tragische europäisch-asiatische Weltsicht ihre geschichtliche Rolle ausgespielt haben wird. Von diesem südlichen Ursprung, diesem „berceau", der „Wiege" der Kultur weiß Diop in poetischer Sprache zu schreiben:

> „Die Geschichte der Menschheit wird so lange verworren bleiben, bis man zwischen den beiden Ursprungsorten (berceaux) unterscheidet, an welchen die Natur die Instinkte, das Temperament die Gewohnheiten und ethischen Begriffe zweier verschiedener Teile dieser Menschheit ausgebildet hat, lange bevor sie einander begegnet sind, und nach einer langen Trennung während der Vorgeschichte.
> Der erste dieser Ursprungsorte ist das Niltal von den großen Seen bis zum Delta einschließlich des so genannten anglo-ägyptischen Sudans. Die Fülle der Lebensgüter, der Sesshafte und bäuerliche Charakter dieses Lebens und die besonderen Bedingungen im Niltal erzeugen beim Menschen, das heißt

beim Afrikaner, eine sanfte, idealistische und großzügige Natur, bestimmt vom Geist der Gerechtigkeit und Heiterkeit. Alle diese Tugenden waren unentbehrlich für das tägliche Zusammenleben.
Es entstanden als Erfordernisse des bäuerlichen Lebens Anschauungen wie das Matriarchat, der Totemismus, eine vervollkommnete soziale Organisation und die monotheistische Religion. Es entstand Weiteres daraus: die Beschneidung, die vom Monotheismus herkommt...[5]
[...] Im Gegensatz dazu schmieden die Wildheit der Natur der euroasiatischen Steppe, die Unfruchtbarkeit dieser Regionen und das Gesamt der materiellen Bedingungen an dem anderen zweiten Ursprungsort die Instinkte, die notwendig sind für die Anpassung des Menschen an die Umwelt... Hier erlaubt die Natur keine Illusion über ihre Gutheit: sie ist unerbittlich und erlaubt keine Nachlässigkeit: der Mensch wird sich sein tägliches Brot im Schweiße seines Angesichts beschaffen. Er wird vor allem im Verlauf seiner langen und schmerzhaften Existenz lernen, mit seinen eigenen Mitteln und Möglichkeiten zu rechnen. Er kann sich nicht den Luxus leisten, an einen wohltätigen Gott zu glauben, der ihm in Fülle das zum Leben Notwendige gibt: sein Geist wird vor allem bösartige und grausame Götter hervorbringen, eifersüchtige und Streit suchende: Zeus, Jahwe und so weiter"(174).

Das „und so weiter" bezieht sich bei Diop hier nicht nur auf die Götter: auch auf der menschlichen Ebene erbringt dieser zweite, nördliche Ursprung der Kultur negative Eigenheiten hervor: Materialismus, Anthropomorphismus und säkulare Einstellung, „esprit laique". Die Weißen und die Gelben, d.h. die Asiaten, können nicht anders sein in der von ihnen als feindlich erfahrenen Welt. Sie kämpfen und erobern und erfinden tödliche Waffen. Der Mensch dieser Kultur bleibt in der Tiefe barbarisch, von Dschingis Khan zu den Türken „und bis Hitler"; er ist dauernd auf der Flucht, ist lange Nomade geblieben, und „er ist grausam".

---

5 *Nations nègres,* 173-176, Übersetzung HB.

Das Programm, der große Anspruch ist also, nicht nur die eigene südliche Kultur zu deuten, sondern die gesamte Geschichte menschlicher Kulturen in den Blick zu nehmen, aber von der anderen, der bisher vernachlässigten südlichen Seite aus. Doch auch das ist noch nicht das Ganze. Es fehlt noch etwas, eine weitere persönliche Schicht. Diop schreibt nicht von der überlegen heiteren Gelassenheit aus, zu der sein afrikanischer Kulturhintergrund ihn befähigen müsste und er weiß es. Er schreibt aus der Erfahrung der kolonialen Knechtschaft, in welche das aggressive Europa seit einigen Jahrhunderten Afrika gebracht hat. Diese Krisenerfahrung bei seinem primären Publikum, den gebildeten Afrikanern und bei ihm selber, begleitet ihn bei seinem Schreiben:

> „Ein Klima der Entfremdung hat tief eingewirkt auf die Persönlichkeit des Schwarzafrikaners, besonders auf den Gebildeten, der die Gelegenheit hatte, sich die Vorstellung bewusst zu machen, welche die übrige Welt von ihm und von seinem Volk hat. Es kommt oft vor, dass der afrikanische Intellektuelle das Vertrauen auf seine eigenen Möglichkeiten und die seiner Rasse verliert, so weit, dass trotz der in dieser Untersuchung dargelegten Beweise es nicht verwunderlich ist, dass einige von uns, nachdem sie dies alles zur Kenntnis genommen haben, große Schwierigkeit empfinden, zuzugestehen, dass wir Afrikaner wahrhaft die erste Rolle bei der Zivilisierung der Welt hatten (54)."

Diop weiß, dass sein Schreiben für seine afrikanischen Zeitgenossen eine therapeutische, damit auch schmerzhafte Funktion hat. Sie sollen aus der Selbstentwertung und dem kollektiven Trauma heraus kommen zu gesunder Selbstachtung. Dies haben auch die nicht betroffenen weißen wissenschaftliche Leser von Diops Büchern im Bewusstsein zu behalten, wenn einiges darin ihnen maßlos erscheint. Es bedarf einer besonderen angepassten Hermeneutik. „Auf Augenhöhe" wie sonst gefordert, genügt hier nicht immer. Manches muss mit besonderer Rücksicht gelesen werden, und darf dabei auch den Argwohn eines neuen Paternalismus des Verstehens nicht scheuen.

3. Die Begründung der These (Nations nègres Chs 1–3)

Um über die bloßen Thesen Anta Diops im UNESCO-Vortrag 1974 zu einer gründlicheren Sicht des ganzen Feldes zu kommen, muss man zur früheren ausführlichen Darstellung in *Nations nègres et culture* 1955 zurückgehen und dort zu den ersten drei Kapiteln. Diop selber nennt sie den kritischen Teil, denen der konstruktive Teil erst folgt. Ziel dieses Eingangsteils ist es, eine vollständige Typologie der bisherigen im Wesentlichen irrigen Ansichten zum Ursprung der ägyptischen Rasse zu geben. Sie laufen sämtlich in „unüberwindliche Widersprüche“ hinein. Diop ist aber nicht eindeutig darüber, ob es sich um absichtliche bewusste „Fälschung“ handelt oder aber um das Scheitern an einer aufgenommenen Frage. Das Urteil Fälschung überwiegt, es bringt aber die andere Sicht: Sie suchten dennoch aufrichtig das Richtige – nämlich einige besonders der früheren Gelehrten – nicht ganz zum Verstummen.

Kapitel 1, „Was waren die Ägypter?“, befragt die Autoren der Antike von Herodot bis Diodor von Sizilien, dann die Bibel (35-47). Sie alle bezeugen, dass Ägypten einheitlich von dunkelhäutigen Menschen bewohnt war. Diodor schreibt weiter, dass Ägypten zuerst eine Kolonie der Äthiopier war. In der Bibel gibt 1. Mose 10 eine detaillierte Genealogie, beginnend mit Ham, dem Sohn Noahs, dessen Söhnen und Enkeln, unter denen *Mizraim* genauer die Ägypter bezeichnet, die aber auch Kanaan, Palästina und Phönizien umgreift. Herodot der Historiker weiß, dass Griechenland „alle Elemente der Zivilisation“ einschließlich der Religion von Ägypten übernommen hat. Genesis 10 führt indirekt auch zum wirklichen historischen Grund der Verfluchung Hams durch seinen Vater: es waren die Leiden der Juden in Ägypten. Ham ist dasselbe

Wort wie Kem und Kemet, das in ägyptischer wie in hebräischer Sprache „Hitze, schwarz, verbrannt“ bedeutet.

Kapitel 2 befasst sich dann genauer mit der Entstehung und Geburt des „Mythos vom Neger“ in der jüngeren europäischen Geistes- und Kulturgeschichte (49-58). In Oberägypten entstand gegen 10.000 vor Christus die erste höhere Kultur, und infolge der Austrocknung der Sahara in räumlicher Isolierung, „en vase clos“. Von dort wanderten die dunkelhäutigen Ägypter hinaus in den übrigen afrikanischen Kontinent. Weil sie dort in günstigeren Naturverhältnissen lebten, vergaßen sie ihr in Ägypten erworbenes technisches Wissen, u.a. auch den Gebrauch des Pfluges, und kümmerten sich nur noch um die soziale Entwicklung des menschlichen Zusammenlebens. Sie schufen auch Königtümer, die aber keine Despotien waren. Doch auf der technischen Seite blieben sie „verwundbar“: dies nutzten die Europäer, die in der Neuzeit kamen, Afrika unterwarfen und versklavten. Dazu schufen sie sich ihre Rechtfertigung in einer Rassenideologie, der zufolge von den Afrikanern, die doch nach Diops Lehre und den antiken Zeugnissen die erste höhere Kultur geschaffen haben, keine Kultur zu erwarten sei, sie seien zu primitiv. Nur das Gefühl, die émotion und die Kunst, besonders die Musik, wurde ihnen in der weit verbreiteten Rassenlehre von Graf Gobineau 1853 zugestanden, woran sich nun modernde Afrikaner wie L.S. Senghor positiv klammern. Die Neger insgesamt waren damit von kulturbringenden Herren, die sie einmal waren, zu Dienern und Sklaven geworden.

Das umfangreiche 3. Kapitel handelt nicht mehr von der Realgeschichte, sondern von den Ideen, welche sie in moderner Zeit, konzentriert in der Wissenschaft der Ägyptologie, begleiten: deren Bestreitung der schwarzafrikanischen Herkunft der Ägypter ist „die moderne Fälschung der Geschichte“, die Anta Diop in einem Durchgang durch die Geschichte dieser Regionalwissenschaft Ägyptologie im Detail zu widerlegen sich vornimmt (59-203). Auf über 100 Seiten folgt Diop den Wegen und Umwegen der französischen Ägyptologie von den Anfängen der Brüder Champollion bis hin zu den jüngsten Veröffentlichungen der

1940er und 50er Jahre. Die Überschrift setzt das Urteil „Fälschung" in die Mitte. Es geht aber im Verlauf des ausführlichen kritischen Referats nicht nur um Fälschung, sondern auch um viel richtiges Fragen nach der Herkunft der Ägypter. Einige Gelehrte waren auf der richtigen Spur, so insbesondere der Comte de Volney (1757-1810) und S. Cherubini (1795-1869), der Reisebegleiter des Hieroglyphenentzifferers Champollion. Ein ausführlicher Bildteil mit ägyptischen, zum Vergleich aber auch afrikanischen und zum Kontrast griechischen Darstellungen weißer Menschen zeigt, wie man sich das afrikanische Ägypten Diops bildhaft vorzustellen hat (73-111).

Zwiespältig fällt das Urteil über die *Brüder Champollion* aus. Jean François Champollion kommentiert ausführlich ein Wandgemälde aus der Zeit der 10. Dynastie, auf dem vier Menschenrassen zu sehen sind: „dunkelrote" Ägypter, noch dunklere Schwarzafrikaner, sowie Asiaten und Europäer[6]. Zwischen den ersten beiden ist kaum ein Unterschied, also sind sie für Diop beide Schwarzafrikaner. Die Darstellung der wilden Ureinwohner Europas auf dem selben Gemälde ist wenig schmeichelhaft, J.F. Champollion schließt seine Beobachtungen im Brief an seinen Bruder mit dem Gedanken: „Diese Sicht hat aber doch etwas Schmeichelhaftes und Tröstliches [für uns Europäer] insofern sie uns den weiten Weg erkennen lässt, den wir seit damals zurückgelegt haben." Erst sein älterer Bruder J.J. Champollion-Figeac unterscheidet zwischen beiden ersten Gestalten, der roten und der schwarzen, und bekämpft den „volkstümlichen Irrtum", die Ägypter seien Teil der schwarzen afrikanischen Rasse: dunkle Haut und krauses Haar machen für ihn noch keine Neger. Einbezogen wird in den Streit auch der Kopf der steinernen Sphinx: auch er sieht nach Diop eher afrikanisch aus. Die Untersuchungen der Haut von ägyptischen Mumien weisen ebenfalls auf afrikanische Rasse hin. S. Cherubini tendiert in dieselbe Richtung. Menschen weißer Rasse finden sich nur unter den dargestellten unterworfenen Feinden und Sklaven.

---

6 63f. Das Gemälde ist auf dem Einband von *Nations nègres* abgebildet.

M. Fontanes 1880 sucht die Herkunft der Ägypter bei den Berbern in Nordwestafrika. Die Suche zurück in die Vorgeschichte führt nicht weiter, auch damals waren die Afrikaner schon die Träger von Kultur, wie Herodot schreibt. G.C. Maspéro (1846-1946) nimmt die biblische Überlieferung von den Söhnen Hams wieder auf, verschweigt aber, dass diese alle Neger waren und weiße Asiaten allenfalls als Diener hatten. Erst durch die spätere Zuwanderung vom Nordosten und die Mischung der Völker hat sich im späten Ägypten der Rassenunterschied verwischt. E. Amélineau (1850-1895) machte Ausgrabungen in Abydos und verwies auf die Verbindung nach Nubien im Sudan. Es folgt schließlich Diops Deutung der Narmer-Palette: auch auf ihr sind nur die besiegten Feinde von erkennbar weißer Rasse.

Diese Hauptlinie wird ergänzend weiter ausgeführt durch die Widerlegung bzw. Kritik der Thesen dass die ägyptische Kultur entweder vom Nil-Delta oder von Asien d.h. von Mesopotamien ausgegangen sei. Diop widerspricht von der Chronologie her: Ägypten ist älter als Sumer und Ur, darum also die älteste Hochkultur der gesamten Menschheit. Mesopotamien ist eine spätere, aber eigenständige Wiege einer Hochkultur (156-167). Lebhaft wird die Auseinandersetzung noch einmal bei den Phöniziern. Nach Diop sind sie eine Rasse mit gemischten, afrikanischen und weißen Vorfahren, in einer gewissen Nähe zu den Negern, aber doch verschiedener von diesen als die Ägypter. Sie unterwarfen weite Gebiete in Nordafrika und auch in Spanien, wurden aber am Ende vom Freiheitswillen und den Aufständen der weißen Urbevölkerung vertrieben.

Hier fällt auf, wie Diop in den Eigenschaften und Kriegen der aufständischen europäischen Autochthonen die Nationalcharaktere von Briten, Franzosen und Deutschen schon vorgebildet sieht. Die große historische Einbildungskraft, die er der offiziellen Ägyptologie mit ihren weißen Ägyptern zum Vorwurf macht, ist auch ihm selber nicht fremd, freilich auf andere Regionen und Zeiten bezogen.[7]

[7] Es ist grundsätzlich richtig, im Deutschen nicht mehr von „Negern“, sondern von „Afrikanern“ zu reden. Im Französischen aber ist der Wortgebrauch anders: „négri-

4. Kontinentale Migration: die Afrikaner sind ursprünglich Ägypter

Zu Diops frühen Büchern gehört noch eine weitere These, ohne welche eine kulturelle Einheit Schwarzafrikas nicht möglich und denkbar wäre. Beim UNESCO-Symposium vertrat Diop nur die wesenhafte Zugehörigkeit Ägyptens zu Afrika. An anderer Stelle, besonders ausführlich in Kap. VI von *Nations nègres* (371-403, Vol.2) behauptete er aber gleichzeitig auch das Komplementäre: dass alle bedeutenden Völker Afrikas ursprünglich vom Niltal, von Ägypten herkommen und sich durch Migration von dort, die bis in die Gegenwart noch nicht abgeschlossen ist, in ihre heutigen Wohngebiete begeben haben. Er belegt dies aus den mündlichen Traditionen der Yoruba, Laoba, Toukuleur und anderer. Ihre massenhafte Abwanderung aus dem Niltal machte die darauf folgende Migration, machte die Zuwanderung anderer Stämme aus dem Norden und Osten möglich, durch welche die Mehrheit der Bevölkerung schrittweise hellhäutig wurde. Nicht von Ägypten ausgegangen, sondern schon früher da waren für ihn nur die ebenfalls dunkelhäutigen Pygmäen, welchen die vom Niltal Auswandernden in Zentral- und Westafrika begegneten: hierfür beruft sich Diop auf zwei Stellen in Herodots *Historien,* wo solche Begegnungen von großen Afrikanern mit kleinwüchsigen Einheimischen berichtet werden.

Also sind nicht nur die Ägypter Afrikaner, sondern es gilt auch andersherum: die Mehrheit der Schwarzafrikaner, mit Ausnahme der Pygmäen, sind ursprünglich Ägypter. Alle ihre Eigenkulturen sind auf das ägyptische Erbe zurückzuführen: das vereinfacht die Erforschung der Vergangenheit Schwarzafrikas erheblich, weil sie Ägypten früh und deutlich als Hochkultur an den Tag getreten und überliefert ist. In diesem Sinne nennt etwa Théophile Obenga, der Schüler Diops, von dem noch zu berichten

tude" wurde nicht von Kolonialisten, sondern von den Afrikanern zum Schlüsselwort erhoben und erfordert auch in Übersetzungen den älteren nicht abwertenden Wortgebrauch von „Negern".

ist, seine Darstellung der ägyptischen Kultur und Religion *La philosophie africaine de la période pharaonique,* die afrikanische Philosophie in der Zeit der Pharaonen. Dass alle Afrikaner sich darin einbegriffen sehen und also auf eigene Ursprünglichkeit je ihrer Kultur zu verzichten bereit sind, mag man bezweifeln.

5. Afrikas kulturelle Einheit (1959/1982)

Mit den so weit referierten Themen ist noch nicht das ganze erste Buch Diops beschrieben. Der entschlossene Kampf gegen die frühe Ägyptologie geht noch in viele spannende Details, ebenso die Begründung der „antériorité", der Vorzeitigkeit der ägyptischen vor allen anderen Hochkulturen. Für den Beweis der Verwandtschaft der westafrikanischen Sprachen mit der ägyptischen geht Diop in den ausführlichen Vokabular- und Grammatik-Vergleich, mit einem teilweise vorwissenschaftlichen, naiven Begriff von Sprache freilich, der nicht die Zustimmung der Experten der Sprachwissenschaft findet. Was bleibt vom Gesamtentwurf von *Nations nègres et culture,* ist die Verbindung des kritischen mit einem konstruktiven Teil, der seine Mitte im Gedanken der beiden „Wiegen" aller menschlichen Kultur, der südlichen und der nördlichen, hat: er bedarf noch der Entfaltung und des Ausbaus.

Diesen gibt Diop ein Stück weit in seinem nächsten Buch *L'unité culturelle de l'Afrique noire* 1959, nach umstrittener Überlieferung dem zweiten, ebenfalls abgelehnten Versuch einer Doktordissertation an der Sorbonne. Die konstruktive Linie ist bei Diop zugleich eine spekulative, in manchem phantastische: sie ist als solche nicht Wissenschaft, sollte aber dennoch Gegenstand wissenschaftlicher und hermeneutischer Befragung werden. Sie ist, abgekürzt gesagt, Diops eigene, dem europäischen Zeitgeist entgegengesetzte „große Erzählung", der bildhafte Rahmen, in welchem alle begrenzten Stücke wissenschaftlicher Erkenntnis ihren Ort zugewiesen bekommen. Insbesondere findet das Griechentum hier seine eigene Deutung bei Diop: es ist nicht nur Plagiat ägyptischer Weisheit, sondern eigentlicher Ausdruck eines tiefen zu überwindenden Pessimismus.

Die „*Unité culturelle*" ist ein frühes Seitenstück zu „*Nations nègres*". Der ersten Fassung von 1959 folgte 1982 eine erweiterte zweite. Diop bleibt bei seinen positiven Thesen zur allgemeinen Kulturgeschichte der Menschheit, die aber nun deutlicher gefasst sind als in NNC 1954/55. Die kulturelle Einheit Schwarzafrikas ist für Diop gegeben im Matriarchat, das – gegen J.J. Bachofen – nie universal die ganze Menschheit umfasste, sondern an einen Entstehungsort, ein berceau gebunden sei: allgemein den Süden der Erde, genauer an das von Fremdeinflüssen noch unberührte Schwarzafrika, in das Ägyptens alte Hochkultur mit eingeschlossen ist. Die ganze Menschheits-Kulturgeschichte ist aus zwei Ursprungsorten zu verstehen und zu deuten: dem euro-asiatischen und dem südlich-afrikanischen. Die Euroasiaten waren Hirten-Nomaden, die Süd-Menschen waren, beziehungsweise wurden sesshafte Ackerbauern.

Diese Zweiteilung der alten Menschheit in Hirten und Bauern entspricht – was Diop nicht sagt – genau der Sicht der biblischen Genesis, 1. Mose 4, aber mit umgekehrter Wertung: bei Diop schlägt nicht der Bauer den Schäfer Abel, sondern dieser Kain, den Bauern tot. Es fehlen in Diops Frühgeschichte die Sammler und Jäger, die noch älter und ursprungsnäher sind als Bauern und Hirten. Das ist für die Sicht Afrikas, die Besiedelung des großen Waldes, besonders problematisch.

Aus den primitiveren Nomaden der euroasiatischen Steppe entwickelt sich der gewalttätige Gang der gesamten Weltgeschichte: die Großreiche in Asien und Europa, von Rom bis zum modernen westlichen Kolonialismus und Imperialismus und seiner Wissenschaft und Technik, der die friedlicheren Kulturen des Südens in Afrika, Asien und Amerika erobert und sich unterwirft.

Den Höhepunkt und Schluss des Buches bildet ein Dialog Diops mit Fr. Nietzsche um Wesen und Ursprung des Tragischen, genauer: eine kulturphilosophische Interpretation und Kritik von Nietzsches Frühschrift

Die Geburt der Tragödie oder Griechentum und Pessimismus von 1872[8]. Die eigentliche Stimme der Tragödie sind nach Nietzsche nicht die auftretenden einzelnen Personen, sondern der Chor der Alten und der Chor der Satyrn. Sie sprechen die Nichtigkeit des Menschen und – wie Hamlet bei Shakespeare – die letzte Sinnlosigkeit alles menschlichen Handelns aus. Doch der Satyr ist zugleich die Rückkehr des Ursprünglichen, des erkenntnislosen Urzustands, der ungebrochenen Macht des Geschlechts, vor aller Schuld und Sünde. Wie dieser Urzustand verloren ging, erzählt der Mythos von *Prometheus*, der den Göttern das Feuer stahl und dafür bestraft wurde. In der griechisch-arischen Tradition war dies ein Verbrechen, in der semitisch-biblischen der Fall in die Sünde, initiiert durch die Frau. Beide Traditionen handeln vom daraus folgenden Leiden der Menschen, so ausdrücklich die griechische Tragödie bis Sophokles. Erst bei Euripides wird die Schuld psychologisch gedeutet und individualisiert. Aus dem realen Leiden wird bei Nietzsche die verklärende Kunst, bei Diop aber ist die Kunst nur Ausdruck des umfassenden bleibenden Leidens der Menschen.

Die Tragödie als Kunstform ist nicht – wie bei Nietzsche – die Synthese des Dionysischen und des Apollinischen, sondern in Diops Deutung die Anverwandlung des älteren, von den Ägyptern übernommenen Mythos von Osiris, die Zerstückelung seines Leichnams, die im griechischen Dionysos-Mythos wiederkehrt. Schon Herodot hat die Identität dieser beiden mythischen Helden erkannt. In Ägypten steht Osiris zusammen mit Isis für das erfüllte eheliche Glück und die von allen Zwängen befreite Frau. Gerade dies ist in der arisch-patriarchalischen Tradition unmöglich. Deshalb wurde in Rom der Dionysos-Kult der Frauen gewalttätig und mörderisch verfolgt. Das göttliche Paar gehört zur agraren Religion des Südens und wurde nur unvollständig im arischen Kulturkreis übernommen, ohne Isis, die befreite Frau. Die ägyptisch-südliche und zugleich afrikanische Alternative ist im Unterschied zum arischen Pessimismus optimistisch

---

8 *L'unité*, 157-170: „Naissance de la tragédie ou hellénisme et pesssimismse".

und harmonisch. Sie kann dies sein, weil Osiris, anders als Prometheus und Dionysos, zwar einen *Fehler* gemacht hat, der zu seinem Tod führte, aber kein ewig nachwirkendes *Verbrechen*, keine folgenschwere *Sünde* begangen hat. Arier wie Semiten bleiben dagegen gefangen in einer ur- und vorzeitlichen Verstrickung ihrer „nördlich kriegerischen" Moral, aus welcher die im ägyptisch südlichen Mythos ausgedrückte andere, nicht tragische Urerfahrung sie heraus holen könnte.

Die moderne westliche Naturwissenschaft und Atomphysik führt die Forscher in absoluten apokalyptischen Pessimismus hinsichtlich der Zukunft der Menschheit. Gegen diesen flachen Pessimismus stehen die künftigen Forscher und Gelehrten Afrikas mit ihrem Vertrauen in das Leben, mit der jetzt in der Gegenwart beginnenden großen Aufgabe der Menschheit. Es gilt einen neuen Optimismus zu artikulieren, so die Schlussfolgerung des Buches, aber nicht metaphysisch wie bei Teilhard de Chardin, sondern aktiv und kosmisch: den Menschen kann es gelingen, den Kältetod des Sonnensystems technisch zu verhindern, die Sonne zu reparieren und das Leben auf kosmisch erweiterter Basis neu weiterlaufen zu lassen. Das Titel-Thema des Buchs, die kulturelle Einheit und Diversität *Afrikas*, gerät damit weitgehend außer dem Blick. Aber Diop behandelt sie weiter unter den „Anomalien", die sich nur scheinbar seiner Theorie der konträren und komplementären „berceaux" menschlicher Kultur entgegenstellen[9].

*

So weit der Gedankengang von Diops zweitem Buch der frühen Jahre. Es scheint auch die wohlwollenden unter den europäischen Lesern Diops irritiert zu haben, sie nehmen es nicht auf in die Diskussion. Der deutsche Diop-Reader von Harding/Reinwald, von dem unten noch zu berichten ist, reduziert das *Unité*-Buch auf seine zahmeren Aspekte und verschweigt insbesondere das Nietzsche-Kapitel: es ist den deutschen Afrikanisten offensichtlich zu wilde unwissenschaftliche Spekulation. Das ist zu

---

9 109-134: *„Anomalies relevées dans les trois genres, leur explication"*.

bedauern. Das eigentlich Interessante an Diop ist doch gerade, seine spekulativen Behauptungen über die gesamte menschliche Kulturgeschichte aus seinen Gewissheiten zurückzuholen und hermeneutisch in Fragen zu verwandeln: es könnte ja doch – ähnlich wie in der modern afrikanischen Interpretation von Osiris und Seth mit afrikanischer sorcellerie/witchcraft – etwas daran sein, das beide Seiten, die ägyptische und die afrikanische, in ein neues Licht rückt.

6. Kulturen, asiatische Produktionsweise und moderne Physik: „Civilisation ou barbarie" 1981

Civilisation ou barbarie ist das umfangreiche und anspruchsvolle Werk eines knapp Sechzigjährigen, das sein letztes wurde: Cheikh Anta Diop starb 1986[10]. Dass es viele geduldige Leser gefunden hat, darf man bezweifeln. Aber es hätte sie verdient als ein Vermächtnisbuch besonderer Art. Es verweist die nächste Generation afrikanischer Wissenschaftler auf große und neue Forschungsaufgaben, auf solche, bei denen ihm selber keine abschließenden Synthesen möglich waren. Freilich bleibt der alte Anspruch, gegen eine Mehrheit *europäischer* Forscher notwendige Opposition zu treiben: daran erinnert der Untertitel *Anthropologie sans complaisance.* Verblendete Selbstgefälligkeit, complaisance, sieht Diop weiterhin bei den anderen am Werk, die seine enge Verknüpfung Schwarzafrikas mit dem pharaonischen Ägypten und die wesenhafte Abhängigkeit der griechischen Kultur von Ägypten leugnen. Es fällt weiter auf, dass Diop die im Obertitel formulierte Wahl im Buch nicht inhaltlich behandelt: Was Zivilisation im Singular und im Plural ist, das beschäftigt ihn durchgängig, aber über Barbarei erfährt man nichts, genauer: nichts Neues. Barbarisch ist, wie bei den Europäern ehrliche Wissenschaft der Ideologie unterliegt. Barbarisch ist nicht nur der Zustand, welcher der Zivilisa-

[10] Cheikh Anta Diop, *Civilisation ou barbarie.* Anthropologie sans complaisance, Paris 1981.

tion vorausgeht, sondern ebenso sehr der Zustand des Niedergangs, des Verfalls und der Regression, der ihr in der Geschichte der Menschheit vielfach folgt. Hierzu gibt es beim späten Diop einige Andeutungen, aber keine zusammenhängende Ausführung.

Insgesamt lässt sich jedoch feststellen, dass Diop in der Darstellung des Werdens und Vergehens von Zivilisation in Kulturen seine frühere Theorie von den berceaux, den zwei Wiegen aller Kulturen, der südlich harmonischen in Afroägypten und der nördlich tragisch-pessimistischen der Indoeuropäer und Asiaten, von der Höhe des archetypisch Invariablen herunterholt zu einer weiten menschheitlichen Sozial- und Kulturgeschichte, in welcher die Gesellschaften mehr von geschichtlichen und klimatischen Veränderungen bestimmt sind als von zeitlos eigenen Charakterzügen. Davon handelt, nach einer einleitenden paläoontologischen Perspektive, der ausführliche zentrale zweite Teil: *Les lois qui gouvernent l'évolution des societés.* Die neue Entdeckung, der sozusagen positive Held ist die Gesellschaft mit „asiatischer Produktionsweise": der Begriff ist von Marx übernommen, er kritisiert diesen aber auch. Asiatisch, wesentlich an Chinas Jahrtausende bestehender Gesellschaft orientiert, ist diejenige Gesellschaft, die nach der archaischen Stammesgesellschaft und vor der modernen Klassengesellschaft den Staat wesentlich als Administration komplexer Produktionsverhältnisse hat: sie erweist sich als revolutionsresistent in China, im alten Ägypten und nach Diop auch in den schwarzafrikanischen Königreichen, im Gegensatz zu den westlichen als Demokratien gefeierten Gesellschaften, die mit dem Individualismus nicht fertig werden und im Raubkapitalismus enden[11]. Weder die athenische Polis noch die römische Republik waren auf lange Dauer überlebensfähig, sie gingen auf und unter in Großreichen, in welchen der Staat wieder jenseits des Individual- und Klassenkampfes als positive Ordnungsmacht bestand. Diese Form des Staats beansprucht Diop für das ägyptische und afrikanische Erbe, es hat größere Beständigkeit und ist humaner als

11 „Les lois qui gouvernent l'évolution des sociétés: Moteur de l'histoire dans les sociétés à M.P.A. (=mode de production asiatique) et dans l'Ètat-cité grec", 141-444.

„Demokratie“. Auch bei den Europäern und Asiaten gibt es solche Verwirklichungen, etwa im langen Bestand des oströmischen byzantinischen Reichs. Diop zieht sich erkennbar zurück vom Schematismus der beiden Ursprünge der Kultur: was in der Geschichte begegnet und sich wandelt, ist bestimmender als das ewig im inneren Wesen Angelegte.

Die folgenden Teile über kulturelle Identität, den afrikanischen Beitrag zu Wissenschaft und Philosophie der Menschheit sind weniger innovativ. Diop wiederholt in früheren Büchern schon Gesagtes. Interessant sind aber seine Einlassungen mit den Griechen, besonders mit dem *Timaios* des Plato. Allgemein und als Obersatz wiederholt Diop, dass die Griechen Plagiatoren und Diebe ägyptischer Schätze sind. Gleichzeitig aber lobt er Platon, dass er aus seiner ungenannten ägyptischen Quelle gut und geschmackvoll ausgewählt habe: das harmonisch Geordnete der Kosmologie im Besonderen, das er in das indoeuropäisch Disharmonische eingepflanzt habe[12]. Der monotone Ruf, was die Griechen als neu und eigen behaupten, sei schon „zweitausend Jahre zuvor“ von ägyptischen Priestern gelehrt worden, weicht wiederholt einer Sicht von Gestalten und Modellen: Plato habe richtig erkannt und seine Interpretationen seien nicht nur abhängig, sondern böten auch uns nachgeborenen Lesern, Europäern und Afrikanern, den Zugang zum oft schwer verständlichen Ägyptischen. Sie holen das Einfache, Grundlegende aus dem verschlungenen Ägyptischen hervor.

Leitmotivisch kommt Diop auch auf den Vergleich der Aneignungen und Erneuerungen: Wie die griechisch-römische Antike in Europa, nach dem kirchlich beschränkten Mittelalter, die Wiedergeburt, die Renaissance von Wissenschaft und Kunst ermöglichte, ebenso müsste im heutigen Afrika die wissenschaftliche Beschäftigung mit dem alten Ägypten einer neuen afrikanischen Renaissance Rückhalt und Ausrichtung geben.

Hier aber tut sich ein anderes Problem auf, das Diop im Schlussteil seines 17. Kapitels auf überraschende Weise angeht. Nachdem er aber-

---

[12] „Les rapports entre les cosmogonies égyptiennes et platonicienne à travers le *Timée*“, 425-444.

mals mit Rekurs auf die Ägypter und den auswählenden Umgang der Griechen mit ihnen erwiesen hat, dass es eine afrikanische Philosophie heute wirklich geben kann und gibt, fährt er fort mit einem nicht vorbereiteten Thema: „Forschungsperspektiven für eine neue Philosophie, die den Menschen mit sich selbst versöhnt"[13]." Diese neue Philosophie, die ihren Ausgangspunkt bei den Entdeckungen der modernen Physik, bei Einstein, der Quantenphysik und den Folgen nimmt, lässt die ganze „klassische" Philosophie der Büchergelehrten alt und veraltet erscheinen. Der „alte Philosoph" ist tot, aus seiner Asche entsteht der „neue Philosoph" – und der ist weder europäisch noch afrikanisch, sondern rational und menschheitlich universal. Hier erinnert sich der Leser, dass Anta Diop, der in den 1950er Jahren vom Senegal nach Paris zum Studium kam, dort nicht im Hauptfach Geisteswissenschaften, sondern moderne Physik studierte, zum Abschluss führte und in Dakar an der Universität später ein physikalisches Institut ins Leben brachte. Dass er auf diesem Feld Neues gelernt hatte, war ihm ebenso wichtig, oder zeitenweise auch wichtiger als aller Streit um Ägypten, Afrika und Griechenland. Auch der moderne gebildete Afrikaner bedarf der „Versöhnung mit sich selber" und findet diese nicht im ägyptischen Erbe, sondern in eigener philosophischer Bemühung. Auf diesem Feld will Anta Diop auch die künftigen Generationen afrikanischer Intellektueller in Bewegung setzen.

Man mag dies als inkonsequent und einen Bruch in der Bemühung um das Afrikanische empfinden. Es ist auch nicht mehr als eine Andeutung auf den letzten zwanzig Seiten in einem Buch von fünfhundert Seiten über Zivilisation und Barbarei. Man kann es aber auch lesen als eine Übersteigung des eigenen verengten kulturalistischen Horizonts. Gewiss kann es nicht den Abschied von der Frage des Erbes der verschiedenen Kulturen bedeuten – wohl aber ihre Lokalisierung und Relativierung. Sie füllt nicht mehr den ganzen Horizont.

13 „Perspectives de recherche pour une nouvelle philosophie qui réconcilie l'homme à lui-même", 457-477.

B. Nichtafrikanische Einordnungen Diops

Cheikh Anta Diop wurde zu seinen Lebzeiten und in den folgenden zwei Jahrzehnten nicht so gelesen und diskutiert, wie es angemessen gewesen wäre. Er selber sah sich vom ausbleibenden westlichen Echo bestätigt in seiner negativen Sicht der traditionellen westlichen Wissenschaft. Aber er wurde doch hier und da schon in den neunziger und zweitausender Jahren auch in Europa zur Kenntnis genommen. Wer heute versucht, ihn in den größeren Zusammenhang einzuordnen und an die Tradition anzuschließen, steht nicht am Anfang, fast alles ist schon gesagt. Im Gespräch mit Diop legt es sich nahe, die afrikanische Wirkungsgeschichte und die europäischen Einordnungen auseinanderzunehmen und mit den letzteren, kürzer zu behandelnden zu beginnen. Bei ihnen überwiegt die Ablehnung von Diops großen Thesen, aber verbunden jeweils mit einer unsicher formulierten Zustimmung zu seinem Ansatz, seiner Grundfrage. Ein umfassender Forschungsbericht ist nicht beabsichtigt. Vorgestellt werden, auch um das Atmosphärische der Debatte spürbar zu machen, drei Sammelbände der Auseinandersetzung mit Diop, je einer aus Deutschland, Frankreich und Großbritannien.

1. Afrika – Mutter und Modell der europäischen Zivilisation? Harding/Reinwald 1990

Der deutsche kommentierte Auswahlband *Afrika – Mutter und Modell der europäischen Zivilisation?* mit dem Untertitel „Die Rehabilitierung des Schwarzen Kontinents durch Cheikh Anta Diop“ ist früh, 1990, vier Jahre nach dem Tod Diops, in Berlin erschienen[14]. Die rhetorische Titelfrage wird insgesamt eher negativ entschieden: Europa ist nicht das Kind der

[14] L. Harding/B. Reinwald, *Afrika – Mutter und Modell* der europäischen Zivilisation? Die Rehabilitierung des Schwarzen Kontinents durch Cheikh Anta Diop, Berlin 1990.

afrikanischen Mutter, aber die Rehabilitierung Afrikas ist an der Zeit. Eine „neue Wissenschaftstradition“ kann dort in Gang kommen, wenn erst der kolonial anerzogene Minderwertigkeitskomplex überwunden ist[15]. Noch die Négritude-Bewegung, welche die Afrikaner auf die émotion festlegt und die Vernunft den Griechen zuspricht, sei letztlich verinnerlichter Rassismus. Zu Diops Theorie einer homogen schwarzen Bevölkerung des ältesten Ägypten bleibt B. Reinwald bei einen Unentschieden: weder die negroide Theorie Diops, noch die „kaukasische“ der älteren Ägyptologie sei zu erweisen, aber ein geschätzter Anteil von dreißig Prozent Schwarzafrikanern zu Beginn des Alten Reichs sei wahrscheinlich[16]. A.Eckert diskutiert Diops Sicht der zwei Wiegen menschlicher Kultur und findet sie zu statisch, zu wenig den geschichtlichen Wandel zwischen Matriarchat und Patriarchat und die materiellen Existenzbedingungen beachtend[17]. Zu Diops Sprachvergleichung des Wolof mit dem Altägyptischen verweist G. Motsch auf J.H. Greenbergs neuere Klassifizierung der vier großen Sprachfamilien in Afrika: hier führe Diop nicht weiter, sondern zurück[18].

Zwischen der ägyptischen Hochkultur und Schwarzafrika gibt es verwandtschaftliche Zusammenhänge, aber keine gemeinsame Identität. Besonders problematisch wird Diops Annahme empfunden, die Schwarzafrikaner hätten bei ihrer Wanderung vom Niltal in den übrigen Kontinent west- und südwärts das Technische, Handwerk und Schrift, die sie schon hatten, einfach vergessen[19]. Zum Verbindenden und Anschlussfähigen zwischen Ägypten und Afrika gehören die Acht– und Neunzahl und die vier Götterpaare, worunter vor allem Osiris und Isis, Seth und Nephtys afrikanische Verwandte haben. Wichtig sei Diops Hinweis auf

---

[15] L. Harding,“Die Bedeutung Cheikh Anta Diops“, 7-21, Zitat 17.

[16] B. Reinwald, „Ägypten – die erste schwarzafrikanische Hochkultur“, 37-43.

[17] A. Eckert, „Zum Problem der kulturellen Einheit im Werk Cheikh Anta Diops“, 163-166.

[18] G. Motsch, „Linguistischer Vergleich einer westafrikanischen Sprache mit dem Altägyptischen“, 237-249.

[19] 89-99: Auszug aus Nations nègres Ch. VI.

die Aussagen antiker Autoren über Afrika, besonders von Herodot und von Plato der *Timaios,* der seine ägyptischen Quellen aber verschweigt.

2. Geschichtsphilosophie und neuer Afrozentrismus: „Afrocentrismes" 2000

Der französische Aufsatzband, der im Untertitel „Die Geschichte der Afrikaner zwischen Ägypten und Amerika" verspricht, beginnt mit einem Beitrag des Herausgebers F.X. Fauvelle-Aymar über Cheikh Anta Diop als „Afrikanisten wider Willen"[20]. Er will unparteiische Wissenschaft bieten und ist doch ein leidenschaftlicher Kämpfer für die Sache Afrikas. Von seiner Generation ist Diop der einzige Afrikaner, der berühmt wurde, ohne in der Politik eine nennenswerte Rolle gespielt zu haben, aber er wurde es erst spät, in den 1980er Jahren. Seine Grenzen waren immer offenkundig: der Anspruch, als strenger Historiker alle Ideologien hinter sich und nur die Fakten sprechen zu lassen, was ihm offenkundig nicht gelang. Aber dies traf sich mit seinem positiv begründeten Anspruch, von einer völlig neuen Sicht aus die Geschichte Afrikas von den Uranfängen bis zur erhofften panafrikanischen Zukunft zu erfassen. Ägypten ist der Drehpunkt seines Afrikabildes, doch sein Streit um ein weißes oder schwarzes altes Ägypten war schon als er ihn anfing in den 1950er Jahren durch neuere begrenztere Fragestellungen überholt. Richtig ist aber nach Fauvelle-Aymar, dass Diop die „afrikanische Dimension" ägyptischer Kultur wieder sichtbar gemacht hat, welche die wissenschaftliche Ägyptologie vor ihm vernachlässigt oder bewusst verdrängt hatte.

Diop ist mehr Geschichtsphilosoph als Geschichtsforscher. Aber auch im Feld der Philosophie ist er nicht, wie J.M. Ela ihn feiert, ein „Anti-

[20] F.X. Fauvelle-Aymar et al., Eds., Afrocentrismes. L'histoire des Africains entre Égypte et Amérique, Paris (2000) ^{3}2010, F.X. Fauvelle-Aymar, "Cheikh Anta Diop, ou l'africaniste malgré lui", 27-46.

Hegel“[21]: ganz wie für Hegel ist für Diop die Geschichte Afrikas wie die der Menschheit eine Geschichte des Staates und der Staaten, andere ältere Gesellschaftsformen interessieren ihn kaum, und wie Hegel sucht er eine erkennbare große Linie im Weg der Menschheit. Seinen beiden „Wiegen“ der menschlichen Kultur spricht Diop nach Fauvelle zu Unrecht ein durch die Geschichte unveränderliches Wesen zu. Seine Methode, sein Quellengebrauch ist nur für den ungeübten Blick streng wissenschaftlich: bei den europäischen Autoren des 18. und 19. Jahrhunderts sucht er die schlimmsten, ideologischsten heraus und vernachlässigt den gemäßigten Fortschritt des europäischen Wissens über Ägypten. Doch trotz alledem hat Diop, so schließt Fauvelle, mit seinem Protest und seinen radikalen Fragen Neuland für die Wissenschaft gebracht: das Leitwort einer „afrikanischen Renaissance“, das Diop schon 1948 aufgebracht hatte, wird zu Recht mit seinem Namen verbunden.

Dies hindert Fauvelle aber nicht an grundsätzlicher Kritik. Es geht dabei nicht nur um einzelne widerlegbare Gedanken Diops, sondern überhaupt um das Visionäre, Weltanschauliche an ihm: davor muss ernsthafte Wissenschaft bewahrt werden. Diese positivistische Kritik sieht bei den neuen Afrozentristen, auch denen in den USA, viele der überwundenen Spekulationen der früheren Generationen von Ägyptologen mit veränderten Vorzeichen wiederkehren: sie verbietet er sich und der neuen Forschergeneration. Nur eine allgemeine Aufbruchsstimmung, eben eine „afrikanische Renaissance“, sie will Fauvelle ihnen nicht verbieten.

Die achtzehn Beiträge des Bandes werden noch durch mehrere andere Leitgedanken zusammen gehalten. Dem *Nouvel africanisme* (Beiträge 1-5) folgen vier über *„Au commencement* était *l'Égypte*“, drei über *Projections dans le passé* und schließlich fünf über *Réseaux et métamorphoses*.

C. Walter, ein Amerikaner afrikanischer Abstammung, stellt M.K. Asante, einen Professor gleicher Herkunft, in geistesgeschichtlichen Zusammenhang mit J.G. Herder und deutscher Romantik. H. Tournaux unterzieht Diops behauptete Sprach-

---

[21] Zu Ela s.u.

verwandtschaft westafrikanischer und altägyptischer Sprache methodischer Kritik, desgleichen die Anwendung dieser Ideen auf die Bantu-Welt durch Th Obenga. – Teil II eröffnet mit W.v. Binsbergens Einführung in M. Bernals Thesen über die Nichtoriginalität des alten Griechenlands und seine Abhängigkeit von Ägypten: Bernals Angriff auf die europäische geistige Selbstgenügsamkeit habe Recht und müsse die Forschungsperspektive verändern. B. Midant-Reynes entspannt den Streit um schwarze oder weiße frühägyptische Kultur mit dem detaillierten Blick auf das vordynastische Ägypten als eine „terre des métissages." P. Vernus verortet das Altägyptische zwischen den afrikanischen und den hamito-semitischen Sprachen. M. Étienne, Museumskonservator am Louvre, weist mit vielen Einzelheiten die Bedeutung und Funktion von Farbe, insbesondere von Schwarz, auf Statuen und Wandmalereien, nach: ob die ersten Ägypter mehrheitlich dunkelhäutig waren, lässt sich daraus – gegen Diop – weder beweisen noch widerlegen.

Im III. Teil überwiegt die Zurückweisung afrozentrischer Geschichts-Revision durch westlich herkömmliche Wissenschaft. M. Lefkowitz weist die Fehler der revisionistischen Sicht der griechisch-römischen Antike bei Bernal auf. P. Chrétien setzt sich mit Obenga über die Bantu-Sprachen auseinander: die Bantu sind nicht die Indo-Europäer Afrikas und Ägyptisch ist nicht Sanskrit, will sagen, die Urmutter aller Sprachen Afrikas. S. Hesse unterscheidet auf der Theorie-Ebene weiten und engen Afrozentrismus: die Funktion des ersteren ist erkennbar die einer neuen „großen Erzählung", man darf sie darum nicht bei historischem Detail behaften, Afrika wird in ihr zum „Traumland".

Der IV. und letzte Teil begibt sich in die weltweite afrikanische Diaspora. V. Morabito stellt unterschiedliche schwarze jüdische Gemeinden vor, teils politisch, teils religiös orientiert. P. Schirripa befragt eine afrozentrische „Kirche" in Ghana, die sich ausdrücklich vom Christentum lossagt. C. Doux stellt das komplexe, insgesamt optimistische Selbstverständnis der organisierten schwarzen Bevölkerung Brasiliens vor. S. Vincenot, Philosophin aus Guadeloupe, bedenkt die Widersprüche des Afrozentrismus in ihrem Land und erinnert an das kritischere Erbe von F. Fanon und A. Césaire. L. Samarbakhash-Liberge füllt den Gedanken einer afrikanischen Renaissance mit einer programmatischen Rede von Th. Mbeki: mit ihr benennen die französischen Herausgeber, wo sie im Jahr 2000 die Zukunft ganz Afrikas sehen.

3. Archäologie und alte Wanderungen: „Ancient Egypt in Africa" 2003

Das direkteste und konkret ins Detail gehende Gespräch mit Diop führt in dem englischen Aufsatzband K. Macdonald als Afrika-Archäologe[22]. Wesentlich geht es um Diops Annahme, Westafrika sei von Ägypten aus bevölkert worden, großwüchsige schwarze Afrikaner seien in vordynastischer Zeit vom Niltal aus west- und südwärts gewandert und hätten dort die Pygmäen als Ureinwohner vorgefunden. Nur weil im Lauf der Jahrtausende alle Schwarzafrikaner das Niltal verließen, sei Ägypten durch Einwanderer schrittweise weiß geworden. Dass die Yoruba, Peul, Toukuleur und Serer (Soninke) ursprünglich Ägypter waren, meinte Diop sprachlich nachweisen zu können, insbesondere an den Wörtern *ka* und *ba.* Dies widerlegt Macdonald: für eben diese Wörter gibt es bessere, lokal begründbare Erklärungen. Vieles an Diops linguistischen Argumenten sei schlicht falsch, auch habe er die Ergebnisse der Ethnologie der letzten fünfzig Jahre nicht hinreichend zur Kenntnis genommen. Gleichwohl habe Diop richtige Fragen zu den Migrationen gestellt, Fragen auf welche zu verzichten für die Afrikahistoriker unvernünftig wäre.

Die Fragen und richtigen Ansätze bei Diop ordnet Macdonald in drei Arten von Evidenz für Ägypten und Afrika. Die *erste* ist die historische Linguistik und die von ihr gefundenen Wanderungen der großen Sprachstämme, *phylae,* von welchen der afro-asiatische, früher hamitisch genannte, das Niltal und die Sahara bewohnte: in der Trockenperiode 18.000 bis 10.000 v. Chr. diversifizierte sich dieser Stamm und zog in das untere Niltal ein, wo dann die entstehende ägyptische Sprache alle anderen älteren Sprachen verdrängte. Zutreffend sei auch Diops Annahme einer Wanderung der Schwarzafrikaner in die weiten Gebiete der Pygmäen, aber das war mehrere tausend Jahre, bevor es die Ägypter mit ihrer afro-asiatischen Sprache gab. Zum *zweiten* spreche auch die

[22] D. O'Connor/A. Reid, *Ancient Egypt in Africa.* Encounters with Ancient Egypt, London 2003, K.C. Macdonald, „Cheikh Anta Diop and Ancient Egypt in Africa", 93-105.

technisch-materielle Entwicklung nicht für eine Diffusion von Ägypten aus: Töpferei und Eisenbearbeitung sind in Innerafrika selbst entstanden. *Drittens,* die Einwirkungen des dynastisch-pharaonischen Ägypten auf das innere Afrika seien weniger und äußerlicher als gemeinhin behauptet: die angeblich ägyptischen Fresken in Tassila im algerisch-libyschen Grenzgebiet sind als Fälschungen erwiesen. Was bleibt, ist die berühmte Expedition zur Zeit der 6. Dynastie um 2300 v.Chr., von welcher der Führer Herkuf einen tanzenden Pygmäen nach Ägypten mitbrachte. Im Feld der archäologisch forschenden Wissenschaft bleibt insgesamt wenig von Diops großen Wanderungs-Theorien übrig – wohl aber die Mahnung, im Gespräch mit den Afrozentristen, auf die Frage nach den „Ursprüngen" und „Identitäten" nicht zu verzichten, wie es die Wissenschaft allzu lange Zeit getan hatte.

Zur Isoliertheit Ägyptens in Afrika weisen D. O'Connor und A. Reid auf geschichtliche Gründe hin: der Westen/der Abend war für die Ägypter selber das Land des Todes und der Toten, nicht lebendiger Nachbarn; für christliche Afrikaner ist umgekehrt Ägypten nicht das Land alter Hochkultur, sondern das Land, welches Israel unterdrückte und von wo Gott es im Exodus herausführte. H. Frankfort 1948 steht für die heutigen britischen Leser auf der Grenze: einerseits hat er die Öffnung zum ostafrikanisch gemeinsamen „Substratum" von ägyptischen Gottkönigen und sakralem Königtum bei den Shilluk, Banyoro und Dinka neu in die Ägyptologie eingeführt; andererseits hält er fest an dem tiefen Graben zwischen ägyptischer Hochkultur und afrikanischen „Wilden", die durch Trägheit und Zähigkeit an dem unentwickelten Alten stehen blieben, welches die Ägypter durch ihre Kultur überwanden[23]. – Allen Beiträgen liegt daran, die Eigenständigkeit der afrikanischen Kulturleistungen herauszustellen. Die kulturelle „Einheit" Schwarzafrikas ist strittig und wird etwas künstlich auf strukturalistischem Wege belegt: Töpfe wie Menschen sind

[23] D.O. O'Connor and A. Reid, „Locating Ancient Egypt in Africa: Modern Theories, Past Realities", 1-26.

gesamtafrikanisch als Gefäße und „Behälter“ bekannt. Das so gefundene Formal-Allgemeine lässt sich dann auch im alten Ägypten aufzeigen.

C. Die afrikanische Wirkungsgeschichte

Die afrikanische Wirkungsgeschichte Diops ist auf ihre Weise für unsere Fragestellung wichtiger als die europäische. Sie hat ihre eigenen Züge, die im Vergleich mit der europäischen Diskussion greifbar werden. Wieder geht es nicht um einen vollständigen Forschungsbericht, sondern um die Erfassung der Grundlinien: was wurde wie aufgenommen und weitergeführt, was blieb unbearbeitet. Zunächst geht es um das Allgemeine: wo wurde Diops Bestimmung des geschichtlichen Verhältnisses von Afrika und Ägypten auch von afrikanischer Seite kritisch gesehen; wo wurde er mehr als Geschichtsphilosoph denn als Ägyptologe gelesen. Dann, in einem zweiten Gang bleibt zu fragen, welche ägyptisch spezifischen Themen wurden von Afrikanern unter Berufung auf Diop weiterführend bearbeitet: Tod und Leben, Optimismus im Blick auf des Menschen Bestimmung, andererseits die Kosmologie: was ist im ägyptischen Denken das *Nun* und wie verhält es sich zu modernem Prozess-Denken.

Zum ersten: Diop ist nicht der einzige afrikanische Historiker seiner Generation, der über den schwarzafrikanischen Anteil an der frühesten ägyptischen Kultur geforscht hat. Dies tat auch J. Ki-Zerbo aus Burkina Faso (1922-2006) in seiner umfassenden *Geschichte Schwarz-Afrikas*, und sein Ergebnis ist anders: nicht homogen dunkelhäutig war die älteste Bevölkerung, aus der ein Staatsvolk wurde, sondern bunt gemischt aus vielem, und das Neue, was dort wurde, war nicht Rasse, sondern „Kultur". Nicht eigentlich als Ägyptenforscher, sondern als Erwecker zu neuem Denken über Afrikas Platz in der Kulturgeschichte der Menschheit liest ihn J.-M. Ela aus Kamerun (1936-2008): Diop ermutigt die neue Generation des Kontinents zu eigenem Denken und erweckt sie aus langem Schlummer der Selbstverachtung.

Zum zweiten: Auf den Weg zu eigener tieferer wissenschaftlicher Beschäftigung mit dem Erbe Ägyptens lassen sich zwei Denker anstoßen. Erstens Th. Obenga vom nördlichen Kongo-Gebiet im Feld der vergleichenden Sprachwissenschaft und, wichtiger noch, im übersetzenden und deutenden Durchgang durch das Denken, die „Philosophie" der Ägypter vom Beginn bis zum Ende der Zeit der Pharaonen. J. Mabika Nkata vom südlichen Kongo zum Zweiten greift die altägyptische Kosmologie auf, den Urstoff des *Nun* und seine Verwandlungen und verbindet sie mit neuem Prozess-Denken, in welchem Gott nicht nur transzendent, sondern zugleich auch immanent in der Weltwirklichkeit ist.

1. Ägypten und die Geschichte Schwarzafrikas: J. Ki-Zerbo 1978

Ägypten kann auch anders als in der einfachen, etwas schrillen Weise Anta Diops in den Blick von Afrikanern geschriebener Geschichte Afrikas kommen. Eine frühe bedächtige Stimme dazu ist die *Geschichte Schwarzafrikas* von Joseph Ki-Zerbo, 1978 französisch, 1979 in deutscher Übersetzung erschienen[24]. Ki-Zerbo kommt wie Anta Diop aus Westafrika, aus Burkina Faso, das vordem Obervolta hieß. Er hat wie Diop in Frankreich studiert, war Gymnasiallehrer in Orléans und Paris, dann Dozent in Ouagadougou in seinem Heimatland, wo er auch eine sozialistische politische Partei gegründet hat.

Dass die erste „historische Zivilisation" in Afrika entstanden ist, nach den Jahrmillionen schriftloser Vorgeschichte der Menschheit, ist, wie Ki-Zerbo gleich eingangs feststellt, „kein Wunder", sondern erkennbaren Ursachen zu verdanken. Der afrikanische Kontinent ist die Wiege des Menschen, hier wurde der *homo sapiens*, der alle anderen Hominiden an Leistung und Durchsetzungskraft übertraf. Ägypten im Besonderen wurde im späten Neolithikum, als der Klimawandel die vordem dicht besiedelte Sahara unbewohnbar machte, im Niltal zum Sammelplatz vieler einwandernder Völkerschaften. Aus Streusiedlungen wurden Dörfer, der wach-

[24] J. Ki-Zerbo, *Die Geschichte Schwarz-Afrikas,* Paris 1978, dt. Wuppertal 1979, TB Frankfurt 1992.

sende Bevölkerungsdruck erzwang, um der Katastrophe zu entgehen, höhere Grade gesellschaftlicher Konzentration, Arbeitsteilung, Verwaltung, Schrift und Berufsschreiber; die Macht konzentrierte sich in Theben im Süden und in Heliopolis im Norden. Es folgte die Vereinigung beider Teile zu einem Reich in der ersten Dynastie: ein ägyptisches Volk, das es davor noch nicht gegeben hatte, mit einem Gottkönig an der Spitze, war so entstanden. Dieses bestand durch drei Jahrtausende in drei einander folgenden Reichen und dreißig Herrscherdynastien, bis es an die römische Oberhoheit fiel, in Kusch und Meroe am oberen Nil im Land Nubien aber noch für einige Jahrhunderte afrikanische Nachfolgestaaten hatte.

Die ägyptische Kultur, für Ki-Zerbo eine der „glänzendsten Schöpfungen des Geistes und des Willens der Menschen", schuf durch die Schrift, die Wissenschaften und die mit der Religion verbundene Kunst in Tempeln, Pyramiden und Großplastiken Bewunderswertes, ohne dadurch aber alle Schwächen der vorgeschichtlichen Zeit abschütteln zu können, Wissenschaft und Aberglaube blieben beisammen. Nofretete

> zeigte sich mit Juwelen behängt, geschmückt, glänzend von Kosmetika, nach Terebinthen duftend, aber sie trug Glücksbringerskarabäen und trank ohne Zweifel Wasser, in das man zuvor einen Papyrus mit magischen Formeln gelegt hatte. In mancher Hinsicht ist Ägypten eine primitive und statische Gesellschaft geblieben (73).

Der Ton des afrikanischen Geschichtslehrers ist nicht durchgängig andächtig bewundernd, sondern mit Ironie untermischt.

Auf diesem Hintergrund geht Ki Zerbo die völkerkundliche Frage an, die bei Anta Diop den ganzen Horizont füllt: „Die Schwarzen im Niltal" (73-81). Dafür dass dunkelhäutige Afrikaner zumindest ein Teil der Besiedler des Niltals waren, zählt Ki Zerbo die archäologischen Funde auf. Die Keramik belegt, dass die Wanderungen in das Nilland von Süden nach Norden erfolgten, nicht, wie von der anderen Schule angenommen, von Norden nach Süden. Von Theben im Süden ging die Reichseinigung aus, dort finden sich die ältesten Heiligtümer und Pharaonengräber, dort wurden zuerst „Könige als Götter" geglaubt und verehrt. Zu den Migrations-Indizien kommen die „anthropologischen Beweise" hinzu: hier beruft sich Ki Zerbo auf Anta Diop, aber auch auf R. Lepsius: sowohl die Untersuchung der Mumien auf Spuren ihrer Pigmentierung als auch die Statuen und Malereien des Alten Reiches bezeugen die Häufigkeit – nicht die Ausschließlichkeit – des negroiden Typs in der Zeit der frühen Dynastien. Aber „Soll das nun bedeuten, dass alle Ägypter von Beginn bis zum Ende des Altertums Schwarze gewesen sind? Offensichtlich nicht (79f)." In Ägypten hat sich ein neues Volk gebildet mit vielen unterschiedlichen Bestandteilen. Hier lohnt es sich, Ki Zerbo ausführlicher zu zitieren und seine mit Anta Diop verglichen komplexere Auffassung von afrikanischer Geschichte sprechen zu lassen.

> In der Tat war der Grund für den Aufschwung der Ägypter, wie wir gesehen haben, nicht die Farbe ihrer Haut, sondern die ökonomischen, bevölkerungspolitischen und soziologischen Bedingungen, unter denen sich eine buntscheckige Bevölkerung längs des schmalen, reichen Niltales zusammengefunden hat. Das Niltal wurde auf diese Weise das Laboratorium einer neuen Menschheit (79).
>
> Was ist erstaunlich daran, daß die Schwarzen...sich gen Süden gewandt haben, wo sie schnell ein anderes historisches Schicksal erlitten? Die Bedingungen waren einfach nicht die gleichen: weite Streuung der Bevölkerung, die zu einer ‚wandernden' Kultur auffordert, weniger reiche Landstriche, die unter den Bedingungen der Zeit keine intensive Bewirtschaftung mit dem Pflug zulassen, seltener Austausch mit anderen Völkern und selbst mit Gleichgestellten des Niltals, Vermischung mit weniger entwickelten Völkern, die die Spannung und ursprüngliche Energie noch weiter sinken ließen, leichte Fruchternte für diejenigen, die die Waldzone erreichten, Härten des Klimas und die tropischen Endemien ... Alles das genügt reichlich, um den relativen technischen Rückstand zu erklären, der immer weiter in den Süden übergreift (79f).

Schwarzafrika und Ägypten sind kulturell miteinander verwandt, aber nicht identisch. Es gibt ein „Substratum angeborener Verwandtschaft... einen gemeinsamen paleo-afrikanischen Grundstoff", der bei den vormaligen Bewohnern der Sahara seine Mitte hatte. Aber das heißt nicht, wie bei Anta Diop zu lesen, auf den Ki-Zerbo hier nur anspielt, „daß alle kulturellen Züge von Ägypten entlehnt worden sind". Die Hypothese, dass die gegenwärtigen Schwarzen nur das weitergetragen haben, was Sahara und Ägypten schon hatten, ist für Ki-Zerbo „eine allzu einfache Hypothese". Afrika hat durch die Jahrtausende eine verwickeltere Geschichte, über welche Ki-Zerbo in seinem umfangreichen Buch über die Geschichte Schwarz-Afrikas detaillierte Rechenschaft gibt.

2. Diop als Anti-Hegel: J.-M. Ela 1989

Jean-Marc Ela, der katholische Priester, Missionar und bekannte Befreiungstheologe aus Kamerun, ist weniger am Detail der Frühgeschichte Ägyptens interessiert als Ki-Zerbo. Dass die ersten staatsgründenden Ägypter sämtlich dunkelhäutig waren, übernimmt er als wissenschaftlich bewiesen von Diop, dann aber geht es ihm alsbald um die Um- und Neuschreibung der gesamten Kulturgeschichte der Menschheit: nicht mehr Europa und die Griechen, sondern der geschichtliche Vorrang afrikanischer Kultur durch Ägypten ist für ihn das „zentrale Ereignis" der Geschichte, darüber soll nun eine große Debatte in der modernen Wissenschaft in Gang kommen[25]. Afrika ist nicht mehr der geschichtslose, in Zauber und Kannibalismus versunkene Erdteil, vielmehr ist auf ihm „die Vernunft geboren" nicht nur die émotion, wie Sédar-Senghor zu bescheiden der europäischen Wissenschaft und Philosophie entgegen hielt.

Solch eine ungewohnte Sicht der Umkehrung des Gewohnten, das weiß Ela, stößt im Westen notwendig auf Widerstand. Sie ist, wie an der

[25] J.-M. Ela, *Cheikh Anta Diop ou l'honneur de penser,* Paris 1989, Neudruck 2016.

Reaktion auf Diop zu sehen, ein Skandal, sie wirft das allgemein Anerkannte über den Haufen. Cheikh Anta Diop ist für Ela der „Anti-Hegel", insoweit Hegel der Ideologe der Kultursendung des weißen Mannes ist. Außer den wenigen Seiten in der *Philosophie der Geschichte* kennt Ela Hegel kaum, er gibt ihm insofern ein Gewicht für den europäischen Kolonialismus, das er mit Sicherheit nicht gehabt hat. Dahinter steht bei Ela ein Glaube an die Macht der Gedanken: der entwertende Blick auf den zu unterwerfenden Anderen in den Schulbüchern der Kolonialzeit ist ein „heimtückischeres Instrument" als die äußere Gewalt. Die geschichtliche Aufgabe, die Diop in dieser Lage übernommen hat, ist es, die Schwarzafrikaner aus langem Schlaf aufzuwecken und sie, die vermeintlichen Barbaren, zu versöhnen mit ihren wirklichen geschichtlichen Ursprüngen. Es muss ihnen „ein Gedächtnis" wieder gegeben werden, mit welchem sie in der Gegenwart zu ihrer wahren Identität kommen und in der Zukunft wieder kreativ werden können (129-138). Diop hätte für die Jugend des Kontinents ein einflussreicher Universitätslehrer werden müssen, aber in Dakar, seiner Heimatuniversität, kam er nicht an, er blieb zeitlebens ein Außenseiter, nicht anders übrigens als Ela in Yaoundé in Kamerun[26]. Sein Urteil über die neue afrikanische Elite ist unerbittlich: die notwendige Reform der Wissenschaftsorganisation an der afrikanischen Universitäten hat nicht stattgefunden.

Um solche Reform durchzusetzen, hätten die afrikanischen Eliten und nachkolonialen Regierungen sich auf das Kulturerbe Ägyptens besinnen und es für die Gegenwart in Anspruch nehmen müssen. Bei diesem hohen Anspruch fällt auf, dass Ela sehr wenig inhaltlich über Ägypten sagt. Es ist ihm fast nur ein Übermittler, ein Zwischenglied zwischen dem vorgeschichtlichen afrikanischen Erbe der Menschheit und der Gegenwart Afrikas. Diese Denkbewegung ist unerwartet gleichläufig mit dem, was in den gleichen Jahren Martin Bernal mit größerer Wirkung auf die europäische Geschichtswissenschaft lehrt: Athene, die griechische Göttin ist in

[26] Ela lehrte an der Universität in Yaoundé Soziologie. Er ging nach Morddrohungen ins Exil nach Kanada, wo er 2008 starb.

ihrem Wesen schwarz und abhängig von afro-ägyptischen Wurzeln[27]. Es bleibt auch bei ihm, wie bei Ela, bei der Aufdeckung eines verleugneten Überlieferungsprozesses, sein Inhalt kommt nicht zur Sprache. Um über die inhaltliche Aneignung ägyptischer Gedanken durch moderne Afrikaner etwas zu erfahren, muss man sich an andere Autoren wie Obenga und Mabika Nkata wenden.

3. Afrikanische Philosophie der Pharaonenzeit: Th. Obenga 1990

Der unmittelbarste Schüler, Begleiter und Fortsetzer von Anta Diop ist Théophile Obenga aus der Republik Kongo (Congo Brazzaville), 1936 geboren. Er war schon 1974 bei dem UNESCO-Symposium in Kairo über die Besiedlung und Bevölkerung des frühen Ägypten mit dabei und unterstützte, selber schon Professor, die These Diops, die damals von den Historikern zur Kenntnis genommen, aber mehrheitlich abgelehnt wurde: dass die Schwarzafrikaner nicht nur ein Teil, sondern das homogene Ganze der Bevölkerung Ägyptens waren.

Zur These Diops gehörte damals – obwohl in Kairo nicht vorgetragen – auch, dass die großen Völker West- und Zentralafrikas alle vom Niltal aus durch Migration in ihre späteren Siedlungsgebiete gekommen seien: diese Seite wurde für Obenga bedeutsam. Diop hat selber versucht, dies für Westafrika durch Sprachvergleich nachzuweisen; für das größere zentralafrikanische Bantu-Gebiet fehlten die Belege. Um sie mühte sich nun Obenga von seinem eigenen Volk, den Mbochi im Norden des Bantu-Gebiets ausgehend.

Obenga wagt sich dabei weit hinaus in der Rekonstruktion eines ursprünglichen Bantu-Volkes, von dem genealogisch alle heutigen Bantu-Sprachen herkommen sollen. Er verglich die altägyptische Spra-

[27] Zu Bernal s.u.

che im Verhältnis zu diesen Sprachen mit der Stellung des Sanskrit in der indogermanischen Sprachenfamilie und verstand folgerichtig die Bantu als die Indogermanen Afrikas. Für diese kühne Spekulation bekam er, angesichts der allgemein angenommenen skeptischeren Ergebnisse von J.H. Greenberg[28] über afrikanische Sprach-Gruppen und Familien, keine Zustimmung. Er vermutete aber selber, darin Diop gleich, dass der Widerstand gegen seine Entdeckungen nur ideologisch und nicht wissenschaftlich sei.

Dabei ist der Widerstand der Spezialisten, wie J.P. Chrétiens, gegen Obenga hier nicht gegen die Feldforschung im Einzelnen, sondern gegen die von der Sprachwissenschaft her begründete geschichtliche Spekulation überhaupt: sie sei, ebenso wie die kolonialwissenschaftliche Spekulation überhaupt, unbegründet und politisch gefährlich, wie sich 1994 beim Genozid der Hutu gegen die Tutsi in Ruanda wieder erwiesen habe[29].

Obenga hat aber nicht nur über Sprachen nachgedacht, sondern er hat eine andere Seite von Diops Gedanken aufgenommen, dies gewissenhafter und von der Fachwelt anerkannter, indem er sich in die überlieferten Texte des alten Ägyptens übersetzend und interpretierend vertieft hat. Insofern ist er der Begründer einer afrikanischen Ägyptologie. Sein Hauptwerk in diesem Feld ist der umfangreiche Band *La philosophie africaine de la période pharaonique:* 2780 – 330 *avant notre* ère“, 1990 erschienen[30]. Die Eigenart und Eigenwilligkeit Obengas spricht schon aus dem Titel seines Buches, *La philosophie africaine de la période pharaonique*, den man erst nach vollendeter Lektüre des Ganzen richtig versteht. Mit „afrikanisch“ ist ein Kontinuitätsanspruch gestellt: einerseits, dass es in Afrika schon seit Jahrtausenden Philosophie gab, und andererseits, dass

---

28 Greenbergs Sicht ist knapp zusammengefasst in UNESCO, *General History of Africa, I,* 1990, 113-130: J.H. Greenberg, „African linguistic classification and the language map of Africa“.

29 J.-P. Chrétien, „Les Bantu: des Indo-Europénes noirs?“ in *Afrocentrismes* 2010,275-298.

30 Th. Obenga, *La philosophie africaine de la période pharaonique,* 2780-330 avant notre ère, Paris 1990.

das altägyptische Denken in diese Linie hineingehört, ja sie weitgehend inhaltlich bestimmt. Was ägyptisch ist, ist afrikanisch und umgekehrt: am Studium der ägyptischen Überlieferung lernt man, was afrikanisches Denken wesenhaft bestimmt. Hinzuzufügen ist hier allerdings, dass Obenga weniger pedantisch ins Detail geht als Anta Diop, auf den er sich beruft: es muss nicht alles Ägyptische auch in Schwarzafrika nachgewiesen werden. Mit „Philosophie" andererseits knüpft Obenga bewusst an europäisches, genauer: griechisches Erbe an. Plato und mehr noch Aristoteles wird viel zitiert. Griechisch ist die Frage nach dem Ursprung und dem Sein der Welt, mittelbar auch die nach Erkenntnis und Methode und nach vernunft- nicht religionsgebundener Ethik. In der Darstellung altägyptischer Ethik ist bei Obenga die Abgrenzung von Mythos und Offenbarung beständig anwesend und wird auch explizit begründet. Ebenso in der Frage nach dem ersten Anfang: eine Schöpfergottheit, ein Demiurg, wenn es ihn denn gibt, ist im Prozess, nicht am Anfang der Wirklichkeit der Welt, welcher mit Sein, Werden und Existenz begrifflicher gefasst wird[31].

In der zeitlichen Gliederung, der Periodisierung der Geschichte Ägyptens setzt Obenga, wie auch in der späteren Menschheitsgeschichte, die Ergebnisse der westlichen Wissenschaft und speziell der Ägyptologie weitgehend voraus, mit einer auffallenden Abweichung jedoch: Echnatons Sonnenreligion in Amarna ist ihm nicht Bruch und Krise in der Entwicklung ägyptischer Religion, sondern tiefere Kontinuität, Rückgriff auf älteste Strömungen des Sonnenkults schon im Alten Reich. Hier greift erkennbar eigenes Interesse der Deuters in seine Sicht der alten Geschichte ein: Obenga selbst glaubt an die durchgängig bestimmende göttliche Macht der Sonne und ordnet von dieser aus alle Elemente ägyptischer Religion, auch die, welche solcher Einordnung eher widersprechen.

Griechisch kann man auch die ungewohnte Breite von Obengas Begriff von Philosophie nennen, die den Aufbau des gesamten Buches bestimmt:

[31] „Ontologie et cosmogénèse", 53-103.

nach zweihundert Seiten mit Themen, die einen modernen engen Begriff von Philosophie bestimmen, geht es auf ebenso vielen Seiten weiter mit den Einzelwissenschaften in Ägypten: Geographie, Chemie, Astronomie, Medizin und Mathematik. Man ist versucht zu sagen, mit einem wenig geordneten Sammelsurium, aber Obenga fängt sich immer wieder und weist darauf hin, dass alle solchen Wissensgebiete die alten Griechen, insbesondere Aristoteles, auch beschäftigten, den man dennoch als Philosophen zählt. Dieselbe Abfolge bestimmt auch die „ergänzenden Materialien", die auf knapp 100 Seiten noch einmal alle berührten Wissensgebiete mit übersetzten ägyptischen Texten belegen.

Von Cheikh Anta Diop, den er als seinen Lehrer feiert und poetisch, aber nicht wirklich als in die ewige Urflut *Nun* heimgekehrt anruft (5), unterscheidet sich Obengas Vorgehensweise in wesentlichen Punkten. Einig ist er mit ihm darin, dass sich die neue afrikanische Wissenschaft in gleicher Gründlichkeit mit dem ägyptischen Erbe einzulassen habe wie sich die westliche Kultur mit der griechisch-römischen Antike einließ. Aber er verwirklicht dies praktisch: anders als Anta Diop geht Obenga in allen seinen Aussagen von ägyptischen Originaltexten aus: diese sind in Hieroglyphen gedruckt nachprüfbar in seinen Buch aufgeführt, gefolgt jeweils von der französischen Übersetzung und dann von ausführlichem „Kommentar", in dem Obenga geschichtlich philologisches Wissen zusammen mit dem unterbringt, was er selber zur Deutung der Texte zu sagen hat und vom Leser genau beachtet wissen will. Die Abfolge der Texte, also die systematische Ordnung seiner Darstellung des ägyptischen Denkens, begründet Obenga nicht: sie muss von selber einleuchten.

Bei aller Kritik an den Ergebnissen westlicher Ägyptologie – etwa dass sie unsachgemäß Echnaton mit dem christlich kirchlichen Begriff des „Häretikers" zu erfassen versucht – setzt Obenga diese doch grundsätzlich voraus und enthält sich spekulativer, die gesamte Menschheit umgreifender Theorien wie etwa Anta Diops Gedanken über den Zusammenhang von Patriachat, Krieg und Faschismus. Obengas letzte Gesamtvision einer künftigen Menschheit soll den ägyptisch-afrikanischen Beitrag wieder entdecken, sie soll aber nicht alles Übrige verdrängen. In der Rekonstruktion der Geschichte der alten Kulturen von Ägypten aus geht es Obenga weniger um den Erweis des Afrikanischen in allem Ägyptischen als um die zeitliche Vorrangigkeit, die „antériorité" Ägyptens. Hier berührt sich Obenga mit Martin Bernal, der in den gleichen Jahren in *Black Athena* sich mit den afro-asiatischen Wurzeln und Einflüssen der klassisch griechischen Kultur beschäftigte[32].

Inhaltlich wird die Besonderheit Obengas am deutlichsten in den Kapiteln am Ende des im engeren Sinn philosophischen Teils wo er „Die Werte – die Ethik" und dann kürzer „Tod und Unsterblichkeit" abhandelt. Kosmologie, Ursprung und Gegenwart des Kosmos, Ontologie und Kosmogonie sowie die Zeit als in Ägypten wie in Afrika „transempirische" Größe gehen dem voraus. Die Ethik wird dann eröffnet mit einem mythischen Text aus dem Neuen Reich, den die Ägyptologen bisher unrichtig die „Zerstörung der Menschheit" nennen, der Obenga zufolge vielmehr, hinter der mythischen Verkleidung, als „Befreiung der Menschheit" verstanden werden muss: Als der himmlische Gottkönig Râ alt und gebrechlich wurde, planten die Menschen den Aufstand gegen ihn, wurden aber von Hathor, Râs wilder Tochter zurückgedrängt und teilweise vernichtet. Râ selber berief daraufhin die Versammlung der Götter, ihr „Palaver" ein und brachte nach der Aussprache das Zerstörungswerk Hathors zum Halt, indem er sie zuvor mit blutrotgefärbtem Trank betrunken gemacht hatte. Nun erst wurde sie, wie man Hathor kennt, der Inbegriff weiblicher Schönheit, Verführungskraft und Grazie. Dieses urzeitlich mythische Geschehen sieht Obenga in grundsätzlichen Kontrast zum biblischen Gott, der einsam und ohne Palaver die aufständische Menschheit in der Sintflut vernichtet und im Neuen Testament das Leben seines Sohnes zu ihrer Erlösung opfert.

Aus den Sprüchen des Ptahotep aus der Zeit der 5. Dynastie sowie aus den Sprüchen des Kagemni aus dem Alten Reich zieht Obenga sodann

---

32 S.u.

den Schluss, dass die Ethik, welche zuletzt in *Maat*, der kosmischen Ordnung gründet, den Menschen beigebracht, das heißt, gelehrt werden kann und in vielem der Ethik der Griechen bei Plato und Aristoteles nahekommt. Sie ist, im Politischen wie im Individuellen, der Vernunfterkenntnis zugänglich, nicht wie in der Bibel unhinterfragbares göttliches Gebot. Auch die griechische Entwicklung des Denkens vom Kosmos hin zum Menschen – Sokrates – ist ägyptisch vorgebildet und hat darüber hinaus in schwarzafrikanischer Sprichwortweisheit ihre Parallele. Was in der *Nikomachischen Ethik* des Aristoteles das Gerüst der vier Kardinaltugenden ist, wird in Ägypten von der *Maat* getragen, welche kosmische Ordnung und ethisch Gerechtigkeit zugleich ist. Diese wiederum hat in Schwarzafrika ihre Entsprechung in der Ahnenverehrung: man verehrt in den Urahnen die tragenden Werte, darum sind sie das eigentliche Tribunal, das auf jeden Toten wartet. Von ihnen kommt den Lebendigen Friede, Glück und ewiges Leben zu. Die Ahnen sind in Afrika wie in Ägypten die ethische und die kosmische Ordnung der Welt, aber die ethische Seite daran ist für Obenga die eigentliche und wichtigere: hierin kommen afrikanischer Ahnenglaube und ägyptische *Maat* überein, wie Obenga am Spruch 125 des Totenbuchs aufzuzeigen versucht.

Diese stark ethische Akzentuierung wird verstärkt durch die an sie anschließende knappe Behandlung von Tod und Unsterblichkeit. „Ehrlich gesagt, der Gedanke an den Tod ist recht zweitrangig im alten Ägypten“[33]. Der Tod ist wie die Nacht, die dem Tag folgt, aber auch wieder vergeht; er ist Teil des Lebens. Der gerechte und reine Mensch wird – wie noch heute etwa im in Gabun lebendigen *Bwiti*-Kult – in Ägypten wiedergeboren zum Leben unter den unvergänglichen Sternen. Auch *Gespräch eines Mannes mit seinem Ba* ändert daran nichts. Diese Aussicht, die im Alten Reich nur für den Pharao galt, wurde später demokratisiert und galt dann für alle Menschen, die rein und unschuldig gelebt haben. Sie gehen nach der Totenstarre wieder ein in die kosmischen Rhythmen,

[33] *„De la mort et de l'immortalité“*, 187-201.

auch darin dem Gesamtafrikanischen folgend, was Obenga hier mit Sprüchen der Bambara und der Dogon belegt. Obenga bringt für alles was er vertritt, Belegmaterial aus altem Ägypten und gegenwärtigem Afrika herbei: nicht darüber, dass es das gibt, ist mit ihm zu streiten, sondern darüber, dass er eine vieldeutige, in sich widersprüchliche Entwicklung der alten Ägypter in entschlossener Auswahl so auf die optimistische Seite festlegt. Hier bleibt die Auseinandersetzung zu führen mit der anderen, von europäischen wie afrikanischen Gelehrten vertretenen Sicht, dass gerade die Konzentration auf den Tod und die Toten das ist, was ägyptische und schwarzafrikanische Religion in der Tiefe verbindet.

4. Was vor Gott und der Schöpfung war: J. Mabika Nkata I (2002)

Joseph Mabika Nkata, geboren 1951, geweihter Priester der katholischen Kirche und Professor der Philosophie an der Universität in Lubumbashi, knüpft wie Obenga an Anta Diop an, besonders an dessen letztes Buch *Civilisation ou barbarie* 1981, aber er tut es auf andere, eigenwilligere Weise. Obwohl auch mit ägyptischen Wörtern und Texten umgehend, ist er nicht wie Obenga Philologe: der geschichtliche Wandel der Epochen im alten Ägypten interessiert ihn nicht, sondern nur das noch Lebendige ägyptischen Denkens insgesamt für afrikanisches Denken heute. Daraus folgt, anders als bei Obenga, auf den Mabika häufig zitierend Bezug nimmt, dass er nicht eine einfache Rückkehr zum vor Jahrtausenden Gedachten versucht, sondern das eigene neue Weiterdenken am ehedem Erreichten. Die Arbeit der Philosophie ist noch nicht zu Ende, sie geht weiter.

Es bleibt aber auch bei Mabika beim Kampf und Protest gegen das westliche „mentale Schema“ des Denkens insgesamt und seine verheerende Wirkung, welche die Afrikaner von ihrem eigenen mentalen Schema entfremdete – das ist die „fundamentale Mystifikation“, auf die der Titel des Buches verweist[34]. Doch dieser Protest schließt nicht mehr aus, dass Grundfragen dieser anderen westlichen Tradition positiv aufgenommen werden und dass Irrwege, die von ihr erkannt und benannt werden, auch von der afrikanischen Philosophie abgewehrt werden müssen. Mabika nennt als solche den Pantheismus und, die Religion betreffend, Polytheismus, Idolatrie und Fetischismus. Aus der westlichen Tradition, spezieller dem Thomismus übernimmt Mabika die Unterscheidung von Materialobjekt und Formalobjekt sowie den Begriff und die eigene Disziplin einer „Metaphysik“. Ein zusammenhängendes Gespräch mit der westlichen Tradition der Philosophie findet nicht statt, wohl aber die grundsätzliche Absage an „Substanz“-Denken, welchem die afrikanisch-ägyptische Tradition die „Relation“ als tragenden Begriff entgegensetzt. Von zeitgenössischen Denkern ist Mabika mit zweien im Gespräch und beeinflusst von ihnen: A.N. Whitehead, von dem weiter unten noch zu reden ist, und mit Paul Ricoeur: über dessen hermeneutische Methode hat Mabika in Löwen seine Doktorarbeit geschrieben und bringt sie, wie an vielen Stellen erkennbar, auch in seiner eigenen Arbeit in Anwendung.

Hermeneutik im weiteren und im engeren Sinn ist es auch, was Mabika erkennbar von seinem Vorbild Anta Diop unterscheidet. Er streitet nicht mehr nur buchstäblich und auf den Zeilen mit seinen europäischen Gegnern wie dieser; er lässt sie ausreden und fragt, was sie zwischen den Zeilen gemeint haben, was sie in ihrer Zeit, Kultur und sozialen Eingebundenheit überhaupt gemeint haben konnten. Die westliche Tradition ist für ihn, trotz gelegentlicher temperamentvoller Ausbrüche, nicht nur listiges tückisches Komplott, sie hat, zumindest in Ansätzen und Ahnungen auch Richtiges gesehen. Mabika führt im zweiten Kapitel seines Buches ein kunstvolles fiktives Gespräch mit seinen afrikanischen Studenten über die *Bantu Philosophie* des Franziskaners Pl. Tempels von 1945: was dieser richtig gesehen hat, und wo er nicht weiter dachte, teils seines belgisch kolonialen Lesepublikums wegen und

[34] J. Mabika Nkata, *La mystification fondamentale: Merut ne Maât.* Aux sources négroides de la philosophie, Lubumbashi 2001.

teils weil er selber aus unbewusstem Antrieb mit seiner positiven Sicht der Bantu an dem Ast sägte, auf dem er als Missionar mit den Ansichten seiner Zeit selber saß. Die Zubilligung mildernder Umstände lässt ihn auch zögernd, die Inkonsequenz bei J.F. Champollion, dem Entzifferer der Hieroglyphen hinsichtlich der Zugehörigkeit Ägyptens zu Afrika mit Nachsicht sehen (72-76).

In der Frage: Gibt es eine afrikanische Philosophie oder gibt es sie nicht? nimmt Mabika eine Linie des späten Anta Diop auf und macht sie expliziter: Einerseits war das Denken der ägyptischen Priester in alter Zeit wirklich ihrer selbst bewusste „Philosophie“. Andererseits aber ist das, was davon in Schwarzafrika die vermutete Migration und Diffusion durch die Jahrtausende in Spuren überlebt hat, keine Philosophie mehr, sondern „fossilisiertes“, sich seiner selbst nicht mehr bewusstes Denken. Mabika hält es also nicht mit der so genannten „Ethnophilosophie“, die sich damit begnügt, das in Afrika in volkstümlicher Überlieferung unklar Überlebende unverändert als afrikanische Philosophie darzubieten.

*

Was aber hat Mabika im Genaueren über Ägypten zu sagen? Auch dazu sind die wesentlichen Aussagen in dem Buch von 2002 zu suchen, dem er, nach der *Mystification fondamentale,* noch den geheimnisvollen Titel *Merut ne Maât - aux sources négrides de la philosophie* gibt. Die ägyptischen Wörter sind seine Übersetzung von Philosophia, Liebe der Weisheit. Wie für Obenga, auf den er sich beruft, ist für Mabika das ägyptische das genuin afrikanische Denken der alten Zeit; er übernimmt andere Grundworte aus dem Ägyptischen in sein eigenes Denken wie *kheper* und *neteribie,* vor allem aber *nun,* den undefinierten Urstoff der, wie der fruchtbare Schlamm der jährlichen Nilüberschwemmung, am Anfang alles Wirklichen, alles Existierenden und allen Lebens steht. Im dritten Kapitel über die Verklärung, *transfiguration* legt Mabika mit entschlossenem Zugriff das *Totenbuch* aus, das er nicht als Spruchsammlung, sondern als systematische Darstellung des Weges des toten Menschen durch alle Gefahren der Unterwelt hindurch zum ewigen Leben im Licht liest. Es folgt als Mitte und Hauptsache des ganzen Buches in Kapitel vier auf 55 Seiten „La philosophie nunique“, der Rückgang in die ersten Ursprünge nicht nur der Philosophie, sondern der Wirklichkeit und des ganzen Universums[35].

Das *nun* hat als solches kein Bewusstsein von sich selber. Erst wo solches Bewusstsein aufkommt, entsteht der Gott, der sich selber erschafft und dann alle anderen Wesen, die sich nicht selber erschaffen. Nur er bringt sie von der bloßen Möglichkeit in die Existenz. Der Gott der Bibel und aller Offenbarungsreligionen, Judentum, Christentum und Islam, fängt erst auf dieser zweiten Stufe an, er reicht nicht zurück zum apersonalen, aber lebenden *nun*, von dem die Philosophie handelt. Alles Wirkliche besteht in unauflösbaren Relationen, nicht in ruhender Substanz. Dem Christentum ist erst mit dem Denken der göttlichen Trinität die grundlegende Bedeutung der Relationen zugewachsen. Gottes Erschaffen aller Kreaturen einschließlich des Menschen ist direkt und indirekt-evolutiv zugleich, „das Universum ist lebendig“ und ist doch nicht Gott im pantheistischen Sinn. Gott ist der Welt transzendent und zugleich immanent, in Diskontinuität und Kontinuität zum Geschaffenen; einen letzten Dualismus von sinnlich Körperhaftem und Geist, wie Plato ihn behauptet, gibt es nach Mabika in der ägyptisch-afrikanischen Auffassung nicht.

So weit leicht vereinfacht die *Nun*-Philosophie Mabikas. Ihr Thema und Gegenstand ist das Denken des Ursprungs aller Ursprünge. Es bleibt der Gegenstand der Philosophie auch heute und ist mit der bloßen Feststellung oder Behauptung der Anteriorität des Ägyptisch-Afrikanischen vor aller übrigen menschlichen Kultur noch nicht erledigt: hier unterscheidet sich Mabika von Anta Diop und wohl auch von Obenga, die beide eine Aufgabe des wesentlichen Weiterdenkens am Thema des Ursprungs so nicht sehen. In einem anderen Hauptpunkt kommt Mabika mit Anta Diop aber wieder zusammen: für diesen gehört zu Philosophie

---

[35] „La philosophie Nunique“, 111-166.

im eigentlichen Sinne außer dem Selbstbewußtwerden des Denkens als Zweites noch die Scheidung des Denkens von Mythos und Mythologie, die in allen Kulturen das Ältere sind, hinzu.

Mabika bestätigt dies grundsätzlich. Doch als Leser kommen einem Zweifel, ob er dies auch durchhält. Er deutet unterhalb vom sich selbst aus dem *nun* erschaffenden Gott eine absteigende Hierarchie von Wesen und Mächten an, die dann in die Götterpaare Schu und Nut und in der nächsten Generation in Osiris, Isis, Seth und Nephtys übergehen. Aus dem ursprünglich Androgynen entwickeln sich das männliche und das weibliche Prinzip auseinander und leiten hinüber zum afrikanischen – nicht universalen – Matriarchat, welches durch den Isis-Kult auch der nördlich-arischen Kulturtradition einen humanisierenden Anstoß vermittelt habe. In diesen Gedanken, die Mabika in einem Anhangsteil seiner Abhandlung ausführt, parallel zu einer Deutung des biblischen Buches Genesis mit einer Auflösung des Fluches Hams, ist Mabika nicht mehr Philosoph, sondern afrikanischer Mythologe und Ideologe. Aber die Philosophie des *nun* steht selbständig in ihrem eigenen Recht daneben.

Neben Mabika Nkata wäre als weiterer mit Ägypten befasster Forscher aus dem Kongo Mubabinge Bilolo zu nennen, vor allem seine Bücher über die Kosmo-Theologien von Heliopolis und Hermopolis, sowie *Le créateur et la création dans la pensée memphite et amarnienne* 1988.[36] Nkata nimmt mehrfach Bezug auf ihn. Bilolo ist wie Nkata ursprünglich katholischer Theologe, scheint sich aber, anders als dieser, bewusst vom Christentum losgesagt zu haben. Im Internet kursiert, offenbar von seinen Schülern verbreitet, in mehreren Fassungen *Le testament spirituel de Mubabinge Bilolo,* in welchem er sich lossagt von „euroasiatischen Gott“ der Christen und das Gebet zu seinen Dorfahnen wieder aufnimmt. Auch Mabika Nkatas Lehre vom *Nun* vor dem Werden des persönlichen Gottes gerät in Spannung zu christlich-biblischer Gotteslehre, nicht aber zur Absage an sie: er lebt weiter im Frieden mit der katholischen Kirche, der er angehört. Zu möglicher Gleichläufigkeit von Mabikas *Nun*-Philosophie mit J. Assmanns „Kosmotheismus“ s. u. S. 100f.

[36] Mubabinge Bilolo, *Les cosmo-théologies philosophiques de l'Egypte antique,* Kinshasa, Libreville, München 1986.

5. Ägyptischer Urgrund und Whiteheads Prozess-Denken: Mabika II (2009)

Mabika Nkata ist nicht bei der Aneignung ägyptischen Denkens stehen geblieben, die er 2002 vortrug. Es kamen neue Gedanken hinzu, und nicht nur hinzu: sie veränderten und durchdrangen auch das Alte so, dass es einen neuen Sinn bekam, vielleicht auch einen, der vorher verborgen schon da war, aber noch nicht an den Tag kam. In einem neuen eher knappen Buch behandelt Mabika 2009, anschließend an eine Whitehead-Konferenz in Bangalore, an der er teilnahm, *Whitehead et la cosmologie africaine*[37]. Die Philosophie des *nun* findet nun ihren Platz und Rahmen innerhalb der Prozess-Philosophie des englischen Mathematikers und Philosophen A.N. Whitehead, auf welchen ihn schon während seines Studiums in Löwen der Professor J.v.d. Wiele ihn aufmerksam gemacht hatte. Ihm hatte Mabika sein Ungenügen und seinen afrikanischen Widerstand gegen die westlich herkömmliche Auffassung vom Menschen als zusammengesetzt aus körperloser Seele und Körper vorgetragen: der Mensch als ganzer ist durch seinen Körper Teil der Welt, dies ist der Ansatz afrikanischer Kosmologie. Mit Whiteheads Lehre vom großen allumfassenden Prozess lässt sich das vereinbaren. Sie lehrt auch, was den Afrikanern gleichermaßen wichtig ist: Gott ist der Welt transzendent, wie die christliche Theologie lehrt, er ist ihr aber zugleich auch immanent. Er handelt direkt in freier Schöpfung, aber er ist zugleich indirekt auch in der Evolution des Lebens und aller Organismen.

Bei einer persönlichen Begegnung mit Mabika 2007 in Lubumbashi hielt ich ihm als theologischen Einwurf den unendlichen Abstand zwischen Gott und Mensch entgegen, so, wie ich ihn mit Kierkegaard und Barth verstehe. Mabika widersprach mir nicht. Aber er wies mich darauf hin dass „unendlicher Abstand" eine *räumlich* weltliche Redeweise, eine Metapher ist. Das hatte ich bis dahin so nicht bedacht. Und möglicherweise hat Barth es auch nicht bedacht.

---

37 J. Mabika Nkata, *Whitehead et la cosmologie africaine,* Lubumbashi 2009, 23.

Dieses Prozess-Denken trägt Mabika nun konzentriert und in vielen Einzelschritten vor, ebenso konzentriert wie er 2002 die Philosophie des *nun* als das afrikanisch-ägyptische Denken vorgetragen hatte, das damals für ihn selber bindend war. Die Einzelheiten sind hier nicht auszuführen, insgesamt ist aber zu beobachten: Prozess-Denken und *nun*-Philosophie sagen wesentlich dasselbe, sie geben auf die Grundfragen dieselben Antworten. Dabei spürt man, wie Whitehead stärker auf das Ägyptische einwirkt als umgekehrt dieses auf ihn. Das verwundert nicht, wenn man liest, wie die Entdeckung Whiteheads 1984 in Löwen für den Studenten Mabika eine Erleuchtung bedeutete, wie sie eine Befreiung aus westlicher, neuthomistischer Enge war, so wie er sie für seine frühere Begegnung mit dem Altägyptischen nicht berichtet. Whitehead wurde für ihn zum Schlüssel zur Verbindung von Philosophie und afrikanischer Kosmologie, wie er sie nun 2009 vorträgt.

Es kann nun, mit einigem Abstand, nicht darum gehen, Mabika vorzuwerfen, dass er mit Whitehead dem alten Ägyptischen Gewalt antut oder überhaupt, dass er als Afrikaner so eindeutig und direkt sich in die Schule eines westlichen Denkers begibt. Zu fragen ist aber, ob er diesen seinen eigene Weg auch luzide mit seiner grundsätzlichen Verwerfung der Tradition westlichen Denkens ins Verhältnis setzt: Ist dieses wirklich nur Mystifikation und Verwirrung, wenn es doch bei Whitehead die richtige, auch für ihn als Afrikaner brauchbare Prozess-Philosophie ermöglicht? Hier muss man sagen: diese Konsequenz einer Korrektur des allgemeinen antiwestlichen Vorurteils findet nicht statt. Die Verwerfung westlichen Denkens und die intensive Inanspruchnahme eines westlichen Denkers für das eigene Denken stehen unverbunden nebeneinander.

Man könnte mutmaßen, dass Mabika hier ähnlich dialektisch und „hermeneutisch" weiter denken würde wie er es bei seiner Rehabilitation von Pl. Tempels tut: er denkt Richtiges, aber er denkt es nicht fertig, weil es die Zeitverhältnisse ihm nicht erlauben. So müsste auch Whitehead durch ihn den Afrikaner weiter und fertig gedacht werden. Das wäre möglich, aber Mabika sagt es nicht so. Eine andere mögliche Begründung seines Vorgehens könnte für Mabika darin bestehen, dass Whitehead als Mathematiker und Naturwissenschaftler als erster die moderne Physik der Relativität und der Quanten als Herausforderung an die Philosophie aufgenommen und in den großen „Prozess" eingebracht hat. Das wäre dann die Befreiung der westlichen Philosophie durch die neue Begegnung mit der Weltwirklichkeit, mit dem Universum: eine Möglichkeit, die schon Anta Diop auf den letzten Seien seines letzten Buches andeutete. Aber ausgesprochen und ausgeführt ist dies weder bei Diop noch bei Mabika. Die Herausforderung der modernen Naturwissenschaft, der Physik insbesondere, macht den alten Gegensatz zwischen westlichem und altägyptisch-afrikanischem Denken, wo nicht irrelevant, so doch relativ. Und sie stellt Fragen, die neues Bemühen des westlichen Denkens erfordert – Fragen, die auch von der Weisheit der ägyptischen Priester noch nicht gelöst wurden.

Exkurs: Ägypten bei nichtafrikanischen Afrika-Historikern - von J. Vansina zu C. Ehret

Nach dem Durchgang durch Cheikh Anta Diops Inanspruchnahme Ägyptens für Afrika und dem Blick auf die westliche und afrikanische Wirkungsgeschichte seines Projekts ist nun auf die komplementäre Frage überzugehen: Wie geht die Spezialwissenschaft der Ägyptologie mit Afrika, mit den Verbindungen zwischen Ägypten und Afrika um? Dies ist als nächstes zu behandeln. Zuvor aber ist noch eine weitere Frage übergangsweise anzudeuten: wie gehen neuere nichtafrikanische Historiker mit afrikanischer Geschichte um? Diops und Elas Klage, es gehe wie in kolonialer Zeit durchgängig um die Entwertung afrikanischer Kultur und Geschichte, stimmt längst nicht mehr. Ein Indiz dafür ist die in den 1970er Jahren von der UNESCO auf den Weg gebrachte achtbändige *General History of Africa,* überwiegend d.h. zu zwei Dritteln von afrikanischen Historikern verantwortet, aber mit einem beträchtlichen Anteil bekannter europäischer Historiker unter den Verfassern. Einer der *bestimmenden* europäischen Mitarbeiter war Jan Vansina (1929-2017), der belgische Forscher, der großen Wert darauf legte, nicht Ethnologe sondern „Historiker" Afrikas zu sein.

Was dies heißt, wird ersichtlich an seinem 1990 erschienenen Hauptwerk *Paths in the Rainforests. Toward a History of Political Tradition in Equatorial Africa,* das die alte Theorie der Bantu-Wanderungen mit neuer, in die Jahrtausende zurückgehender Detailforschung ausfüllt und verändert[38]. Afrika hat eine eigene Geschichte sowohl der Bildung von Staaten als auch der segmentär und egalitär gebliebenen Gesellschaften. Vieles, was man früher als überlegen „hamitischen" Einfluss deutete, wie die Eisenverhüttung, nahm in Afrika selber seinen Anfang. In einem autobiographischen Erinnerungsband *Living with Africa* 1994[39] beschreibt Van-

[38] J. Vansina, *Paths in the Rainforests.* Toward a History of Political Tradition in Equatorial Africa, London 1990.

[39] J. Vansina, *Living with Africa,* Madison 1994.

sina, was die Beschäftigung mit Afrika für ihn selber bedeutet: Begegnung mit der Größe und dem Elend des Menschseins überhaupt, mit der schöpferischen Gestaltungskraft afrikanischer Gesellschaften. Ein gedämpft prometheisches Menschenbild steht dahinter, homo faber, der aktive praktische Mensch, der dem Leben einen Sinn gibt, nicht ihn sucht, hat für Vansina im Blick auf Afrikas Geschichte das letzte Wort. Das gegenwärtige Hauptproblem afrikanischer Geschichtsschreibung sieht Vansina darin, dass ihr das eigene, richtige Publikum noch fehlt: es müssten dies die afrikanischen Intellektuellen sein, die Nachkommen derer, von denen die Geschichte handelt – aber sie sind auch in der postkolonialen Situation noch nicht hinreichend vorhanden; selbst afrikanische Autoren schreiben noch vorwiegend für wissenschaftliche Leser im Westen und erwarten Anerkennung von ihnen; bis sich das ändert, wird noch einige Zeit vergehen (229-242).

Dass Afrika eine eigene Geschichte hat, erfordert auch die Blickerweiterung von den einzelnen Völkern zum gesamten Kontinent: dies fordert und praktiziert Vansina in *Paths in the Rainforests.* Er greift in allen Richtungen hinaus über den äquatorialen Regenwald, nur der Nordosten, das Niltal kommt dabei, auch wo er in die Jahrtausende zurückgreift, nicht vor, gehört also nicht zu seinem Afrika: es ist ihm in Kindheitserinnerungen so fern wie China (222f). Aber China lebt noch, Alt-Ägypten nicht mehr. Hier den Blick auszuweiten, bleibt der nächsten Generation westlicher Afrika-Historiker. Christopher Ehret, ein Student und Schüler Vansinas in Wisconsin-USA geht in seinen Büchern über den gesamten Kontinent diesen Schritt weiter. 1998 in *An African Classical Age* nimmt Ehret das Thema der Bantu-Migration im Osten und Süden des Kontinents auf: die Wanderung war nicht ein einmaliges Ereignis, sondern eine jahrhundertelange langsame und friedliche Durchdringung neuer Gebiete vom Kongobecken aus[40]. Im Nordosten entwickeln im Sudan zuerst die Sog und die Rub, dann die Kushiten und Niloten eine eigene Kultur und

[40] Ch. Ehret, *An African Classical Age.* Eastern and Southern Africa in World History, 1000 B.C. to A.d. 400, Charlottesville/Oxford 1998.

Religion, die möglicherweise auch auf das pharaonische Ägypten einwirkte durch ihren Monotheismus, der bei den Nuer und Dinka noch in der Gegenwart gefunden wurde. Auf ihren Wanderungen vom Kongobecken aus haben die Bantu an politischen Formen nicht gewonnen, sondern vielmehr verloren, was sie schon hatten: das klingt wie bei Diop, führt aber bei Ehret nicht zu Spekulationen über den ägyptischen Ursprung der Bantu.

Die Gesamtsicht afrikanischer Geschichte führt Ehret 2002 weiter aus in *The Civilizations of Africa: A history to 1800*[41]. Beginnend mit der Vor- und Frühgeschichte der Menschheit in Afrika kommt er über die Einführung von Landwirtschaft und frühen Technologien zum dritten und zweiten vorchristlichen Jahrtausend: für Afrika ist dies eine Zeit der „diverging paths": der Landwirtschaft im Zentrum, der Viehzucht im Osten und Süden und schließlich der Entstehung von Städten und Staaten in Nubien und im ägyptischen Niltal. Sie alle zusammen haben ethnisch den gleichen oder einen verwandten Ausgangspunkt. Warum es nur in Ägypten zur Entstehung einer Hochkultur kam, ist wesentlich bedingt durch den hohen Bevölkerungsdruck, der sonst nirgendwo bestand[42].

Nicht so sehr die Entwicklung der Technologie, sondern mehr der Handel und Gütertausch über weite Strecken zwischen verschiedenen Kulturen hat die allgemeine Entwicklung in Afrika vorangetrieben. Die Afrikaner einschließlich der Ägypter sind für Ehret nicht „notoriously religious" wie für andere Experten, aber sie ringen in ihrer Religion erkennbar mit dem Problem des Bösen und mit der Frage nach einem Schöpfer-Gott. Den ägyptischen Polytheismus sieht Ehret politisch durch den Zusammenschluss lokaler Gottheiten bei der Reichseinigung bedingt, den Monotheismus sieht er nicht von Ägypten sich ausbreiten, sondern eher vom Sudan nach Ägypten gelangen[43]. Die Geschichte des pharaoni-

---

41 Ch. Ehret, *The Civilizations of Africa.* A History to 1800, Charlottesville 2002.

42 Ch. 4: „Diverging Paths of history: Africa 3500-1000 BCE", 107-158.

43 Ehret über Echnaton: „Did influences from the much older monotheism of the Sudanic civilization of the lands south of Egypt have anything to do with this abortive

schen Ägypten fügt Ehret unter der Perspektive der auseinandergehenden Pfade in das Gesamtafrikanische ein. Die bleibenden Verbindungen zu den Nachbarvölkern Ägyptens beschäftigen ihn nicht sonderlich, hier begnügt er sich mit der anschaulichen Rede von den „diverging paths“: im Raum sind sie nahe beieinander, aber in der Kulturentwicklung divergieren sie. An die neuen Afrozentriker hat er die Frage, warum nach der römischen Zeit Ägypten – anders als Griechenland – so ganz seine Rolle in der europäischen Geistesgeschichte verlieren konnte.

Die Grundeinstellung Ehret zur Geschichte Afrikas ist wie die Vansinas humanistisch und bewundernd, aber etwas mehr an den materiellen Wirklichkeiten orientiert. Insgesamt bleibt mit einem Schritt Abstand festzustellen: in der neueren Geschichtsschreibung, nicht nur der von Afrikanern, sondern auch der von Europäern ist, trotz mancher verspäteter Stimmen des Protests, die koloniale Zeit vorbei. Afrika wird nicht mehr entwertet und als kulturlos eingeordnet. Die Historiker wenden sich dem Kontinent zu, weil von ihm die Geschichte der frühen Menschheit ausging und er zur weiteren Geschichte der Menschheit Wesentliches beizutragen hat. Cheikh Anta Diops Aufruf zu einer veränderten Sicht hat nicht ganz so wie von ihm gewünscht, aber er hat doch gewirkt. Ob und in welcher Weise das pharaonische Ägypten zur neuen Sicht Afrikas gehört, ist nicht in gleichem Maße geklärt. Vansina sieht auch das neue Afrika ohne das Erbe Ägyptens – sein Schüler Ehret sieht Ägypten als zu Afrika dazugehörig, aber als Abweichung, als „diverging path“.

effort at religious change? There is no reason at present to think so, but it remains an intriguing speculation“, 149.

II. ÄGYPTOLOGIE UND AFRIKA

Für Afrikaner, die sich auf neue Weise Ägypten als einem Teil ihres afrikanischen Erbes zuwenden, ist unbezweifelbar, wo sie ihr Gegenüber in der Wissenschaft zu suchen haben: in der Ägyptologie mit ihrer ehrwürdigen Tradition seit den Brüdern Champollion und der Entzifferung der Hieroglyphen, mit der die Erschließung des altägyptischen Schrifttums begann. Für die europäischen Ägyptologen auf der anderen Seite ist es nicht so klar, dass sie im afrikanischen Griff nach Ägypten ein Gegenüber, eine Herausforderung haben, auf welche einzugehen irgendetwas erbringt. Sie können die Versuchung zur Selbstisolierung ihrer Disziplin beklagen, die nur noch den von ihr selbst erzeugten Fragen nachgeht, aber wenn sie darüber hinaus andere Regionen zum Vergleich heranziehen, so ist das, über die Nachfolgereiche im Süden hinaus, nicht Afrika, sondern immer noch der Nahe Osten und neuerdings bestimmter Israel und die biblische Tradition, die in Europa fortlebt. Afrika ist kein Gegenüber, kein zur Kenntnis zu nehmender Partner. Die alte Tradition, welche die frühesten Ägypter gänzlich von den dunkelhäutigen Afrikanern separierte und alle höhere Kultur auf dem Kontinent von den aus dem Osten herüberkommenden Hamiten-Volk ableitete, lebt unkenntlich geworden noch fort. Einst war sie die Rechtfertigung der neuen europäischen Kolonialreiche in Afrika: der Kontinent wird ein zweites Mal von Fremden erobert und entwickelt[44].

Aber die Kolonialreiche hielten nur begrenzte Zeit. Mit der politischen Unabhängigkeit der afrikanischen Völker verlor auch die Hamiten-Theorie an Überzeugungskraft, und die Geschichte des afrikanischen Kontinents wurde anders geschrieben. Hier zunächst ein kurzer Vorblick worum es uns unter „Ägyptologie und Afrika" gehen soll. Nach einem Blick auf R. Lepsius noch im 19. Jahrhundert wird der Orientalist und

[44] P. Rohrbacher, Die *Geschichte des Hamiten-Mythos,* Diss. Wien, Beiträge zur Afrikanistik 74, 2002.

Ägyptologe H. Frankfort befragt. Er nahm, schon in der Übergangszeit, 1948 in *Kingship and the gods* im groß angelegten Vergleich ägyptischer mit mesopotamischer Kultur und Religion knapp, aber deutlich auch die afrikanische Umgebung der ägyptischen Hochkultur zur Kenntnis: die Shilluk, Banyoro und Dinka sind zwar „savages", Wilde, aber sie haben ethnisch einen gemeinsamen Ursprung, ein gemeinsames „substratum" mit den Ägyptern. Doch nur die letzteren haben es zur Hochkultur entwickelt, die ersteren stagnierten oder fielen gar zurück: mit dieser Sicht war die Fragestellung Afrika – Ägypten, wenn sie überhaupt angegangen wurde, vorherbestimmt.

Ohne allen Wandlungen auf dem Wege nachzugehen, geht unsere Befragung von Frankfort in großem Sprung weiter zu J. Assmann, dem bekanntesten und bedeutendsten Vertreter der deutschsprachigen Ägyptologie heute. Wir befragten sein Werk in mehreren Richtungen. Assmann hat über vieles, fast über alles geschrieben, nur nicht über Ägypten und Afrika. Er hat Ägypten neu in die allgemeine kulturgeschichtliche Diskussion gebracht mit dem Gegenüber nicht mehr zu Mesopotamien, sondern bestimmter im Verhältnis zu Israel, zugespitzt auf Mose und die „mosaische Unterscheidung", den exklusiven Monotheismus, der sich auch auf den Begriff und die Theorie von Religion allgemein auswirkt. Nach Assmann ist Monotheismus intolerant und aggressiv gegen andere Religion, wo immer er aufkommt, ob bei Echnaton in Ägypten oder bei Mose in Israel, der keine historische Gestalt, wohl aber ein wirkmächtiges Erinnerungsbild ist, er setzt sich durch in revolutionärem Bruch, nicht in sanfter Evolution.

In *Das kulturelle Gedächtnis* 1992 greift Assmann weit über Ägypten hinaus: gemeint ist in allen Kulturen das offizielle Gedächtnis, das festhält, was der Vergangenheit zur Erschaffung und Bewahrung einer eigenen Identität erinnert und was als hinderlich vergessen und verdrängt wird. Dies ist die eine Anschlußstelle, an welcher indirekt über das Thema der mündlichen Tradition im Gespräch mit dem Ethnologen und Historiker J. Vansina bei Assmann Afrikanisches zur Sprache kommt.

Die andere Anschlussstelle ist im Buch über die *Mosaische Unterscheidung* 2003 das Gespräch mit dem Religions- und Missionswissenschaftler Th. Sundermeier über den Bruch zwischen alter primärer und neuer, gestifteter Religion in Ägypten und Israel, dann in der Religionsgeschichte der Menschheit überhaupt: was wird aus dem Alten, Aufgegebenen, wie und wo überlebt es trotz des Neuen. Beide, Sundermeier und Assmann, handeln vom notwendigen Synkretismus, aber Sundermeier setzt wesentlich auf das Neue, Wachsende, eine „dritten Phase", mit der Erfahrung entstehenden Christentums in Afrika im Hintergrund, Assmann setzt dagegen, von Ägypten und vom Scheitern Echnatons aus, auf das mächtig bleibende Alte im Neuen – es verschwindet nicht, sondern geht nur aus dem Bewussten hinunter ins Unbewusste, in die „Krypta". Das ergibt notwendig ein anderes Gesamtbild von der Religionsgeschichte. - Beide Gespräche, das über schriftliche und mündliche Tradition sowie das über Synkretismus, benennen das Problematische, zu Kritisierende an Assmann und sind zugleich die Anschlussstellen, wo ein Gespräch zwischen ägyptischer und afrikanischer Religionserfahrung bewusst aufgenommen werden sollte und zu neuen Erkenntnissen führen könnte.

Assmanns Jahrzehnte langes Streitgespräch mit K. Jaspers über die „Achsenzeit" im ersten vorchristlichen Jahrtausend führt nicht weiter für Afrikas schriftlose Kulturen, es sei denn in der sehr großen Bedeutung, die Assmann der Einführung der Schrift und in der Religion dem Wandel „vom Kult zum Buch" gibt[45]. Wie Jaspers mit den Menschen vor der Achsenzeit, so kann Assmann mit den Menschen vor Schrift und Buch nicht ernsthaft und tief kommunizieren, sie gehören zu Humanität und Kultur nicht eigentlich dazu, sie sind in anderen Kategorien zu erfassen. – Einer nachwissenschaftlichen, ägyptophilen modernen Aneignung ägyptischen *Ma'at*-Denkens bei dem afroamerikanischen Philosophen M. Karenga kann Assmann einiges abgewinnen, freilich mehr dem Philosophischen als dem Afrikanischen an ihm. Im Verhältnis zu M. Bernals

45 Zum Abschluss geführt in J. Assmann, *Achsenzeit*. Eine Archäologie der Moderne, München 2018.

historischer Rückführung von Griechenlands vermeintlicher Ursprünglichkeit auf „schwarze“, ägyptische und afrikanische Wurzeln überwiegt bei Assmann, trotz Zustimmung zur grundsätzlichen Fragestellung, die Kritik an Bernals Verwechslung von „Gedächtnisgeschichte“ und Faktengeschichte.

Assmann ist die gefeierte Gegenwart der Ägyptologie als Wissenschaft. Er ist nicht ihre vorstellbare, die eigenen Grundlagen etwa mit E. Said und anderen postkolonialen Deutern umfassender in Frage stellende, mögliche Zukunft in der jüngeren Generation. Zum Abschluss wird darum ein jüngerer Vertreter der Disziplin vorgestellt, M. Fitzenreiter der, mit einem „Kulturschock“ aus der Begegnung mit Afrikanern und modernen Ägyptern kommend, sich die Frage stellt, was den Ägyptologen und die Ägyptologie an Afrika interessiert.

A. Afrika und die ägyptologische Tradition

1. Afrika in der frühen Ägyptologie

Das Verhältnis Ägyptens zu Afrika und den Afrikanern war in Frankreich schon beim Anfang der Ägypten-Wissenschaft eine große Frage, nämlich bei den Brüdern Champollion, worauf Anta Diop hinwies. Jean-François der jüngere Champollion, der Entzifferer der Hieroglyphen, kam zu der Überzeugung, dass für die Ägypter die hellfarbigen Ureinwohner Europas noch primitiv und wild waren. Für uns moderne Europäer sei der einzige Trost zu bedenken, welchen Weg wir seit damals in der Kultur zurückgelegt haben. So Jean-François. Sein älterer Bruder Jacques-Joseph, der ihn überlebte, kam zum gegenteiligen Ergebnis: anzunehmen dass die alten Ägypter von anderer, dunkelhäutiger Rasse und folglich Neger gewesen seien, sei „gezwungen und unzulässig", selbst wenn die Meinung auf Herodot zurückgeht. Und weiter: „schwarze Haut und krauses Haar", selbst wenn sie beides gehabt haben sollten, mache noch keine Negerrasse aus[46].

Diese deutliche und scharfe Trennung von alten Ägyptern und Afrikanern hat sich in die Forschung eingeführt und am deutlichsten durchgesetzt dort, wo die schwarzen Afrikaner noch in der Mitte des 19. Jahrhunderts als Sklaven gehalten wurden, in den Vereinigten Staaten von Amerika, bei J.H. Breasted (1865-1935) und G.A. Reisner (1967-1942). Andernorts verschob sich nicht so sehr die Beantwortung der Frage nach der Hautfarbe der frühen Ägypter – man ließ sie unbeantwortet – als vielmehr die Frage insgesamt hin zur Beschäftigung mit den südlichen und westlichen Nachbarn Ägyptens, bei welchen die Archäologie große Fortschritte machte. Kamen die alten Ägypter etwa vom Süden, von Äthiopien? K.R. Lepsius, der Begründer der Ägyptologie in Deutschland, der

46 Ausführlich zitiert und referiert in C.A. Diop, *Nations Nègres* 1979; 59-156, Zitat 69, und P. Rohrbacher, s.o., Anm. 43.

auch an der Entzifferung der Hieroglyphen weiter arbeitete, wollte dies durch eigene Reisen klären, er kam aber auf seiner Reise in den Süden 1844 zu dem klaren Schluss: das was in Meroe an Ruinen zu finden ist, ist nicht früher, sondern später als was in Ägypten noch steht[47].

Sein Interesse an Afrika über Ägypten hinaus ging nicht auf die Rasse, sondern auf die Sprachen des Kontinents. Lepsius schrieb eine „Nubische Grammatik" und ordnete die Sprachen des Kontinents in drei große Familien: Sudanisch, Bantu und Hamiten, und führte für diese ein Dreischichten-Modell ein, das die Sprachen des Sudan als Mischung von Bantu- und Hamiten-Sprachen bestimmte. Wer aber waren die Hamiten, die ihren Namen von Ham, dem Sohn Noahs nach Genesis 10 hatten? Dies Frage wurde für viele Generationen zum Antrieb einer heftigen Diskussion unter den Afrika-Forschern: kamen sie aus Zentral-Afrika oder waren sie, so die Mehrheitsansicht, aus Asien eingewandert, als ein staatenbildendes Hirtenvolk, das überall, wo es in Afrika hinkam, die Urbevölkerung unterwarf? Die ältesten Ägypter zählte man zu den Hamiten. Diesen sprach man des Weiteren Herreneigenschaften zu wie im Norden den Ariern, und verstand in Folge dessen auch die neue koloniale Übernahme Afrikas durch europäische Mächte nicht als unerhört Neues, sondern als das, wie es in Afrika schon immer gewesen sei mit fremdstämmigen Herren. Nicht immer war diese Implikation in die Hamiten-Theorie in gleicher Deutlichkeit ausgedrückt. Doch es ist festzustellen: Mit den afrikanischen Unabhängigkeiten ab 1960 fiel auch die Hamiten-Theorie bei den Gelehrten; frühere Ansätze sie zu kritisieren, setzten sich auf ganzer Linie durch.

In der weiteren Entwicklung der Ägyptologie im deutschen Sprachraum geht die Beschäftigung mit Afrika – wenn sie den je einmal groß war – weitgehend zurück und unter. Man fragt nicht nach menschlich-geschichtlichen Ursprüngen, weil die altägyptischen Texte es auch nicht

---

47 M. Fitzenreiter, „Abt.I,Bl 1 und ‚Historischer Saal': Karl Richard Lepsius definiert die Ägyptologie und separiert die Sudanarchäologie" in *Mitteilungen der Sudanarchäologischen Gesellschaft zu Berlin e. V.*, Heft 22,2011, 43-56.

tun: am Anfang sind die Götter und der Mythos. Es wird auch nicht, dem griechischen Wunder entsprechend, ein ägyptisches Wunder behauptet: dass in der vordynastischen Zeit verschiedene Ethnien zusammenkamen, nicht nur homogen dunkelhäutige wie Diop meint, wird angenommen, aber nicht weiter verfolgt. Ein mehrheitlich weißes Herrenvolk von Hamiten gab es auch nicht. Migrationen und Bevölkerungsverschiebungen muss es gegeben haben in vordynastischer Zeit, aber das am Anfang Gewordene, das neue Staatsvolk aus verschiedenen Bestandteilen ist wichtiger.

Neben der Ägyptologie hat sich in den letzten Jahrzehnten als eine neue, eigene Disziplin die Sudan-Archäologie entwickelt. Sie befragt die Reiche von Kusch und Meroe von dem aus, was man von Ägypten schon erforscht hat und weiß und fragt nach Einflüssen und Übernahmen hin und her, wie übernommenes Ägyptisches zum Gehäuse anderen kulturellen Inhalts wurde. Weniger wird gefragt, wie Ägyptisches von Sudanischem aus neu gesehen werden könnte. Mit zwei bemerkenswerten Ausnahmen freilich. Die noch heute lebendige Religion der Nuer und der Dinka wird, in ihrer Fassung der Gottheit und des einen Gottes als der ägyptischen nahe und sie verständlicher machend befragt. Das Zweite ist das heute ebenfalls in Spuren noch lebendige sakrale Königtum bei den Shilluk und den Banyoro: C.G. Seligman wurde in den 1930er Jahren bei der Einsetzung eines neuen sakralen Häuptlings noch Zeuge der Tötung des alten, ausgedienten Häuptlings, was neues Licht auf den Pharao und das Sed-Fest in Ägypten warf, wovon H. Frankfort 1948 in *Kingship and the gods* handelt.

2. Gemeinsames Substrat von Ägypten und Afrika: H. Frankfort 1948

Henri Frankforts *Kingship and the Gods* (1948)[48] ist ein wichtiger Übergangspunkt von älterer zu neuerer Ägyptologie. Er ordnet Ägypten als Hochkultur mit Mesopotamien zusammen in den *Ancient Near East* ein. Doch das hindert ihn nicht – nicht mehr – auch die Fragerichtung Ägypten – Afrika am Rande in den Blick zu nehmen. Ägypten und Mesopotamien haben beide sakrales Königtum, aber sie artikulieren es verschieden: in Ägypten mehr im Sinne von Statik und Stabilität, in Mesopotamien mehr im Sinne von Unsicherheit, Omina und Furcht der Götter. Beiden geht es durch die Institution des sakralen Königtums um die Integration von Gesellschaft und Natur; dies im Gegensatz etwa zum Königtum bei den Hebräern, das konsequent profan ist und nicht die Gesellschaft mit Gott versöhnt.

Mit Afrika verbindet Ägypten nicht eine vergleichbare Hochkultur, sondern ein gemeinsames „substratum", einen Grund, von welchem sie beide herkommen[49]. Nur Ägypten hat sich von dort aus zur Hochkultur hinauf entwickelt, die angrenzenden ostafrikanischen Völker sind dagegen stehen geblieben beim Alten oder gar noch weiter zurückgefallen. Dennoch trägt das gemeinsame Alte im sakralen Häuptlings- und Königtum auch zu einem besseren Verständnis des ägyptischen Pharaonentums bei. Wie die biblische Überlieferung mit Kain und Abel, so geht auch Frankfort nur zum Konflikt von Ackerbauern und Hirten zurück, nicht zur voragraren Zeit und ihrer Religion. Versöhnung mit den Mächten der Natur ist in den Königen und in den großen Jahresfesten das große Thema in beiden Hochkulturen. Mit ihren Viehherden verbinden die alten Ägypter ebenso wie die gegenwärtigen Sudanvölker das Geheimnis der

---

[48] H. Frankfort, *Kingship and the Gods*. A Study of Ancient Near Eastern Religion as the Integration of Society and Nature, Chicago and London 1948, Nachdruck Chicago 1978, with a New Preface by Samuel Noah Kramer.

[49] *Kingship*, 6.

Zeugung und Fortpflanzung des Lebens. Das meint der dem modernen Menschen so fremde ägyptische Tierkult: der König ist ein Stier, die Königinmutter eine Kuh auch heute noch bei den Shilluk und den Banyoro im Sudan. Die großen Herden werden als Ausweis von Reichtum gehalten, nicht des Fleisches und der Milch wegen. Aber im Unterschied zu den heutigen Sudan-Stämmen verband sich bei den Ägyptern die Viehhaltung mit Rücksicht auf die natürliche Umwelt. In der alten Wirtschaftsform

> agriculture, hunting, as well as stock-breeding had their parts. This difference between the economies of the modern and the ancient inhabitants of northeastern Africa is characteristic of the contrast between people who have drifted into a backwater and a people who are truly primitive in the sense that they are pristine and rich in unrealized potentialities (163).

Wenn zwei dasselbe tun, dann ist es, Frankfort zufolge, nicht dasselbe: die einen sind auf dem aufsteigenden, die anderen auf dem absteigenden Ast und in der Sackgasse. An anderer Stelle äußert er sich noch drastischer über die afrikanischen Nachbarn:

> For we are dealing here with savages who, either by tenacity or by inertia, have preserved through several thousand years the remnants of a primeval world of thought, while Pharaonic culture was the most highly developed and most progressive of its age (6).

Mit Frankfort wird die gefühlsmäßige Einstellung der älteren Ägyptologie zu Afrika erkennbar und verständlich: es ist der zurückgebliebene und minderbegabte Bruder und sozusagen das Maß dafür, von wo aus die ägyptische Kultur in die Höhe entwickelte – er kam nicht vom Fleck, aber der Bruder ist er doch, und als solcher von einigem, wenn auch begrenztem Interesse.

Frankfort ist in der Ägyptologie und in der Orientalistik eine Gestalt des Übergangs, an welcher manche Fragen und Formen des Vorverständnisses klarer zu sehen sind als an der gegenwärtigen Ägyptologie. Die Fragerichtungen lassen sich in Kürze etwa so benennen:

1. Hochkulturen und Früh- bzw. Vorgeschichte der Menschheit: hinter den Gegensatz von Ackerbauern und Hirten im Niltal geht Frankfort nicht zurück. Nach der vor-agraren Gesellschaft und Religion zu fragen ist aber speziell für Afrika unabdingbar: Totenkult und Ahnenverehrung sind dort älter als sesshaft-agrare Religion und blieben in Ägypten auch in der Hochkultur wichtig. Hierzu sind Vorgeschichtler wie H. Parzinger und Religionsgeschichtler wie M. Eliade zu befragen[50].
2. „*Savages*", Wilde sind die afrikanischen Nachbarn im Westen für die alten Ägypter selber, „emisch" betrachtet. Dies ist zu verstehen, aber nicht zu übernehmen durch den wissenschaftlich distanzierteren Blick.
3. Die ägyptische frühe Hochkultur hat sich offenbar nicht so wie die der mittelmeerischen Antike durch die Jahrtausende bis zu unserer Gegenwart im Bewusstsein erhalten. Militärische und politische Gründe reichen zu ihrem Verschwinden nicht aus. Dieser Untergang wirft die Frage auf, ob Ägypten und insbesondere sein Kosmotheismus in anderer Weise und latent weiterlebte und in der modernen Welt wieder eine Rolle spielen kann oder soll: so fragt Assmann.

---

[50] H. Parzinger, *Die Kinder des Prometheus.* Eine Geschichte der Menschheit vor der Erfindung der Schrift, München (2014) 2015. M. Eliade, *Histoire des croyances et des idées religieuses, 1,* De l'âge de pierre aux mystères d'Eleusis, Paris 1976, 40-67.

B. Moderne Ägyptologie: Jan Assmann

1. Monotheismus und Schriftkultur

Im deutschen Sprachraum hat die Ägyptologie in den letzten Jahrzehnten über ihre eigenen Grenzen hinaus neues Aufsehen und Öffentlichkeit bekommen durch Jan Assmanns Bücher über die „mosaische Unterscheidung" von wahrer und unwahrer Religion. Sie nahm, so lehrt Assmann, mit Echnaton in der Religionsgeschichte der frühen Hochkultur Ägyptens ihren Anfang und hat die gesamte Entwicklung der westlichen Kultur dem älteren, besseren Erbe des umfassenden, nicht unterscheidenden Kosmotheismus entfremdet: dieser kommt vom alten Ägypten her und kann noch heute Frieden und Toleranz befördern, wo die mosaische Unterscheidung Konflikt und politische Gewalt zwischen den Religionen bewirkt[51]. Assmann hat über vieles andere des alten Ägypten gelehrte Bücher geschrieben, aber die neue Gestalt, die er der schon bei Frankfort thematisierten und umgekehrt bewerteten Spannung zwischen dem Ägyptischen und dem biblisch Alttestamentlichen gegeben hat, übertönt einigermaßen das Übrige und setzt auch für unsere begrenzte Frage nach Afrika und Ägypten, ob sie einen tieferen Zusammenhang haben oder nicht, den Rahmen.

Moses ist dabei für Assmann eine Gestalt der *Erinnerung*, nicht der Geschichte. Es gab ihn nicht als feststellbare historische Person, hierüber ist Assmann einig mit der Mehrheit der alttestamentlichen Wissenschaft der christlichen Theologen. Geschichtsmächtig sind aber die Gedanken und eben die Unterscheidung, die sich im Lauf der Zeit mit seinem Namen verbunden hat. Sie kommt jedoch in der realen Geschichte nicht von ihm, sondern vom Pharao Amenophis IV., der sich Echnaton nannte,

---

[51] Die beiden wichtigsten Bücher Assmanns dazu sind *Moses der Ägypter*. Entzifferung einer Gedächtnisspur, München 1998 und *Die Mosaische Unterscheidung oder der Preis des Monotheismus,* München 2003.

her. Dieser hatte mit einer revolutionär monotheistischen Religion im 13. vorchristlichen Jahrhundert einen tiefen Konflikt in die Überlieferte ägyptische Religion hineingetragen, ist aber gescheitert und wurde aber nach kurzer Zeit von der wiederkehrenden polytheistischen alten Religion verdrängt und gewaltsam vergessen gemacht. Aber sein radikaler Monotheismus schwelte weiter und wurde bei einem aus Ägypten ostwärts auswandernden Volk, den Israeliten, wieder lebendig. Von dort aus hat er später, umgeformt im Christentum und im Islam, Weltgeschichte gemacht.

Assmanns Gedanke und Forschungsziel ist es nun, durch die Geistesgeschichte Europas im Hellenismus, dann in der Renaissance und in der Aufklärung, nachzuweisen, wie der nicht wahre und unwahre Religion unterscheidende ältere ägyptische Kosmotheismus im Widerstand gegen den biblischen Monotheismus in sich wandelnder Gestalt fortlebte und auch für Gegenwart und Zukunft als Weg der Toleranz und des Friedens der Religionen eine starke und unersetzbare Rolle hat. Dies geschieht mit der „Entzifferung einer Gedächtnisspur" des erinnerten Mose und des Gegensatzes der älteren ägyptischen Tradition gegen ihn. Assmann betreibt diese Entzifferung auf gelehrt gründliche intertextuelle Weise, besonders im 17. und 18. Jahrhundert, wo ägyptisches Erbe hinter dem biblischen wieder an den Tag gebracht wurde: vieles, wenn nicht gar das Eigentliche am biblisch Mosaischen war nicht Eigenes, sondern wesenhaft nur „Inversion" und „Gegenreligion" zum ägyptisch Vorgegebenen. Alles wird mit Texten und intertextuellen Bezügen gewissenhaft belegt: schriftlose Kultur und Religion wie die afrikanische ist hier ausgeschlossen; was nicht geschrieben ist, ist nicht wirklich, wie Assmann in einer Absage an die Religionsethnologie von M. Douglas wissen lässt[52]. Pantheismus, Spinozismus und *Hen kai pan* sind sich wandelnde Gestalten des alten Ägyptischen Kosmotheismus, der in den großen Gestalten der Zeit und in der Dichtung bei Schiller und Goethe wieder an den Tag

---

[52] Assmann, *Moses der Ägypter,* 91, in der Auseinandersetzung mit Douglas' Kritik an Maimonides.

kommt. Diese veränderte Sicht der abendländischen Geistes- und Religionsgeschichte, die weit über das hinausgeht, was sich etwa bei Frankfort angedeutet hatte, rief die christliche Theologie, im Besonderen die Alttestamentler auf den Plan, um die von Assmann behauptete Verbindung von biblischen Monotheismus mit Gewalt zu widerlegen oder doch, wo dies nicht gelingt, zu problematisieren: so eindeutig wie Assmann die Zusammenhänge sieht, sind sie nicht.

Diese ganze Großdebatte ist nicht unser Thema. Dieses ist vielmehr, zu zeigen, wie sie und wie Assmanns Methode, aus Texten und ihren Bezügen zueinander das Letzte herauszuholen, Ägyptens Verbundenheit mit den umgebenden schriftlosen afrikanischen Gesellschaften unsichtbar und unbedeutend macht. Dies erfordert einen Blick auf Assmanns über die Ägyptologie hinausgreifenden kulturphilosophischen Bücher, *Das kulturelle Gedächtnis* (1999) und *Achsenzeit* (2018) und auf einige kürzere Texte, in denen Assmann in unterschiedlichen Zusammenhängen auf Afrikanisches zu sprechen kommt.

2. Ägyptens Anfang und Diops Frage bei Assmann

Für unsere Frage nach Ägypten und Afrika müssen wir versuchen, Assmanns Grundvoraussetzungen mit Cheikh Anta Diops Frage und These zu verbinden: dass die frühesten Ägypter zur Zeit der Reichseinigung dunkelhäutig, das heißt negroid waren. Die Schwierigkeit besteht darin, dass nicht etwa nur die Antwort auf Diops Frage anders ist, sondern dass sie als Frage überhaupt nicht besteht, gar nicht gestellt wird, anders als in der älteren französischen Tradition, in welcher nachdrücklich die Position vertreten wurde, welche Diop verwirft: die frühesten Ägypter waren weiß und nicht negroid. Es stellt sich also die Aufgabe zu ergründen, warum sich Diops Frage bei Assmann und in der deutschen Tradition nicht stellt, und mittelbar, ob sie etwa doch auf Umwegen eine Antwort bekommt.

Zum Verschwinden oder Ausbleiben der Frage lassen sich zwei Gründe ausmachen. Zum ersten: Die Selbstabschließung der Ägyptologie als akademische Wissenschaft. Assmann weiß von Fragen,

> die nur allzu leicht in Vergessenheit geraten, wenn man erst einmal in ein akademisches Fach eingestiegen ist. Fächer entwickeln ihre eigenen Fragestellungen und wirken damit geradezu als eine Mnemotechnik des Vergessens im Bezug auf tiefere und allgemeinere Anliegen.[53]

Dem arbeitet Assmann bewusst entgegen. Aber Afrika gehört nicht zu den tieferen Anliegen, sondern allein die Konfrontation von Israel und Ägypten, der religiöse Antagonismus, der sich bis in den modernen Antagonismus hinein auswirkt. Der zweite Grund, warum Diops Frage bei Assmann ausfällt, ist dessen Konzentration auf die „Innenperspektive", die „emische" im Unterschied zur „etischen" Perspektive, mit der aus Linguistik und Ethnologie übernommenen Unterscheidung. Die Ägyptologie fragt, wie die alten Ägypter sich selber verstanden haben in ihrem Handeln und Denken, in ihren Fragen: die Frage nach ethnischer Herkunft und Identität gehört nicht dazu. Hätten sie sie in ihren überlieferten Texten gestellt, so würde die Ägyptologie als Wissenschaft von Texten und Sprache sie auch stellen. Das haben sie aber nicht. Also ist Diops Frage eine „etische", distant von außen gestellte, nicht dazugehörige. Die Darstellung von dunkelhäutigen Menschen in Wandmalerei und Plastik, die Diop heranzieht, ist kein Gegenargument: in den Texten wird die Frage nicht behandelt.

Der Grund warum Diops Frage in den alten Texten nicht vorkommt, führt hin auf das Thema, in welchem die Frage indirekt enthalten ist: den Anfang Ägyptens als Staat und eigene Kultur. Darüber gibt es alte Texte, und von ihnen handelt die Ägyptologie[54]. Was in der Reichseinigung durch den mythischen König Menes geschah, läuft „auf die gewaltsame Zerstörung einer polyzentrischen Stadtkultur hinaus", schreibt Assmann,

---

53 *Moses der Ägypter,* 23.

54 Assmann, Ägypten. Eine Sinngeschichte, München 1996, „Die Anfänge", 41-59.

„Die Einheit des Staates wird durch die kriegerische Niederwerfung konkurrierender Fürsten hergestellt.“ Vom Ergebnis her und im Mythos gefasst ist dies „der Sieg des Rechts über die Gewalt“, des Horus über Seth. „Das Zentralsymbol dieser Idee einer befriedeten Rechtssphäre ist das Bild der Vereinigung.“ So wird der Anfang Ägyptens als Staat erinnert:

> Nicht als die natürliche Organisation einer – als Zweiheit stilisierten – Vielheit dargestellt... Vereinigung bedeutet mehr als politische Einheit. Sie bedeutet Konsensus, Eintracht, Solidarität, gemeinsame Verpflichtung auf eine übergreifende Ordnung, das heißt, einen Komplex von politischen, sozialen, moralischen und religiösen Ideen, die in der Lage waren, die Massen in ihren Bann zu zwingen.

Das Alte, was immer es war, ist vergangen, es gibt kein Zurück dahin. Nur das Neue gilt und ist wirklich. Vom Alten bleibt allein die stilisierte Zweiheit von Süd- und Nordreich. alles andere, auch eine mögliche ältere afrikanische Identität, fällt ab und wird zum Unwichtigen, zum Feindlichen. Damit das Neue als gründendes Ereignis erinnert werden kann, muss das Alte, Vorherige verdrängt und vergessen werden. Mnemotechnik des Vergessens ist eine Notwendigkeit nicht erst der modernen Zeit, sondern eine der Funktionsweisen des Kulturellen Gedächtnisses in aller Kulturgeschichte der Menschheit. Das Ältere, was vorher gewesen ist, auch als afrikanisch ethnische Identität, festzuhalten und wieder auszugraben, ist Bestreitung des Gründungsereignisses, oder in anderer politischer Sprache, Revisionismus, dessen Diop sich schuldig macht: er hat die Ägypter selber gegen sich. Er macht sich zum Feind, den König Narmer auf der Palette bezwingt und mit seiner Keule erschlägt. Dass es, objektiv und von außen gesehen, so einfach nicht war, das bringt der andere Blick des Forschers, aber auch der des an Kontinuität des Afrikanischen auch im Ägyptischen interessierte Blick Diops und seiner Schule hinzu – für das Verständnis der Ägypter „von innen“ ist es irrelevant. Gefüllt und konturiert wird der emische Blickpunkt durch das, was die ägyptische von allen anderen frühen Hochkulturen unterscheidet: von der Bemühung um Unsterblichkeit, die das Leben im Diesseits unbedeutend macht, die Errichtung des eigenen Grabes eines Menschen zur „wichtigsten Sache der Welt". Die beiden ägyptischen Wege zur Unsterblichkeit sind nach Assmann der Kult und die Selbstverewigung in Stein (67-71).

*

So weit der Blick auf die gegenwärtige Großdebatte um Ägypten und die mosaische Unterscheidung, wie sie durch Assmann in Gang gebracht wurde, ergänzt durch einen Blick auf Ägyptens eigene Mitte: Ma'at als Fundament für Gerechtigkeit und Ordnung zwischen Menschen und im ganzen Kosmos. Ägyptens räumliche Nachbarschaft, die angrenzenden Ethnien, ihre Gesellschaften und Kulturen, spielten dabei keine Rolle, sie kommen nicht vor. Doch Afrika ist nicht so fern wie es scheinen möchte. Es gibt Anschlussstellen, Berührungspunkte bei Assmann, wo es weiter gehen könnte in Richtung auf Afrika. Sie sollen nun noch genauer aufgezeigt und befragt werden, jeweils von Assmanns Lektüren und Gesprächspartner ausgehend. Es sind dies (1) die Frage nach schriftlicher und mündlicher Tradition – J. Vansina, und (2) Assmanns Übernahme der Unterscheidung von primärer und sekundärer Religion von Th. Sundermeier. Schließlich folgt noch ein Seitenblick auf Assmanns Äußerungen zum neuen Afrozentrismus bei M. Bernal und M. Karenga.

3. Kulturelles Gedächtnis und mündliche Tradition in Afrika: Assmann und Jan Vansina

Bei Frankfort 1948 kam Afrika herein, um Ägypten besser zu verstehen. An bestimmten Punkten, wie sakralem Häuptlings- und Königtum, sind beide einander nah; im Verhältnis zu Tieren, insbesondere ihren Rinderherden, erhellt moderne Beobachtung der Nachbarvölker, wie religiös dies Verhältnis auch im alten Ägypten gewesen sein muss. „Egypt in Africa" hat bei Frankfort konkrete Ansatzpunkte der Nähe, freilich auch des tiefen Gegensatzes: beide haben ein gemeinsames ethnisches Substrat, aber die Shilluk und Dinka sind für Frankfort auf dem absteigenden Ast, während die frühen Ägypter, die Hamiten sind, auf dem aufsteigenden Ast zur Hochkultur waren. Diese vorausgesetzten Gewissheiten scheint es für Assmann und für die neuere Ägypten-Wissenschaft so nicht mehr zu geben. Dafür gibt es aber bei Assmann einen weiteren, allgemeinen Theorie-Anspruch: nicht mehr um den Abstand zwischen uns modernen Menschen und den alten Kulturen geht es, sondern um das Ganze der Menschheit in allen Zeiten und Kulturen, deren Auseinanderentwicklung neu zu befragen und zu beschreiben ist. Assmann tat dies 1992 in dem Buch: *Das kulturelle Gedächtnis*, ein Titel und ein Gegenstand, der seitdem in der Kulturwissenschaft zu weitreichenden Diskussionen führte, nicht nur in der Ägyptologie, sondern allgemeiner in der Kulturphilosophie.

Das kulturelle Gedächtnis ist eine überindividuelle, objektive Wirklichkeit. Vieles was man sonst dem menschlichen Bewusstsein des handelnden Subjekts zusprach, ist nun die Wirklichkeit und Aktivität des kulturellen Gedächtnisses. Alle Gesellschaften, nicht nur die der Hochkulturen, besitzen es. Es ist abgegrenzt gegen das minder gewichtige, mehr alltägliche und individuelle Gedächtnis. Es ist immer Sache einer Gemeinschaft, es ist Institution, mit bestimmten Rollen verbunden schon in den schriftlosen Kulturen, dann aber wesentlich mit Schrift und Verschriftlichung. Es bestimmt, was erinnert werden muss und was vergessen werden darf bzw. wird von der vergangenen Geschichte einer Gemeinschaft. Schriftlose Kulturen lassen es in Ritual und Fest agieren, in den Hochkulturen steigt seine Bedeutung und seine möglichen Optionen, so in die – von Cl. Lévi-Strauss übernommenen – Optionen der „heißen" und der „kalten" Erinnerung (66-86).

Eigentlich von Interesse ist für Assmann die andere, die heiße Option, deren Wirkungsweise er an Israel, genauer an der deuteronomistischen Reform des 6. vorchristlichen Jahrhunderts eindrücklich exemplifiziert. Dieser heiße Umgang mit der eigenen Vergangenheit ist der weniger verbreitete, aber folgenreichere Weg; um aber menschheitlich universal zu sein, muss der kategorial andere, kalte Weg auch im Blick bleiben. In einer versteckten Anmerkung erinnert sich Assmann selber daran: „Natürlich leben inzwischen mehr Menschen in hochzivilisierten Staaten als in Stammeskulturen. Aber es gibt noch immer mehr Stammeskulturen als Staaten" (144). Doch diese Einsicht bleibt aufs Ganze gesehen folgenlos. Der Beschreibung und Deutung werden allein die „frühen Hochkulturen" gewürdigt, nicht, was sich doch für Ägypten nahe legen würde, dessen einfach gebliebene räumliche Nachbarn auf dem afrikanischen Kontinent. Kontrastierende Vergleiche mit Stammesgesellschaften kommen noch gelegentlich zur Beschreibung und Deutung der Hochkulturen hinzu, aber ohne Zusammenhang und eher von Australien und von der Südsee als von Afrika[55]. Das Gesamtmodell vom kulturellen Gedächtnis bleibt eines aus dem logischen Denken, aus dem Labor und jeden-

[55] Dass und wie ein solcher direkterer Bezug zu Afrika auch in gegenwärtiger Ägyptologie möglich ist und wie er aussehen könnte, zeigt durch seinen eigenen Weg der Spanier J. Cervelló Autuori. Er setzt 1996 zu einer Gesamtdeutung Egipto y Africa an, die auf einen starken Einfluss des alten Afrikanischen auf das pharaonische Ägypten aufbaut. Nicht Diffusion ist gemeint, sondern gemeinsames Substrat das – vergleichbar mit dem von G. Dumézil erarbeiteten drei Funktionen im Erbe der Indoeuropäer – schon in den Felsenmalereien der Sahara sich andeutet und dann im pharaonischen Königtum Gestalt annimmt. Zum Königtum gehörte ursprünglich ein die kosmische Ordnung erhaltender Fetisch und die Tötung des Königs, wenn er alt und schwach wird. Der Königstod wird später durch das Sedfest, das Erneuerungsfest der königlichen Macht abgewandelt. Das Königtum ist zuerst rituell und religiös, die politisch-militärische Seite kommt später hinzu. Eine irdisch agrarische und eine solar himmlische Ebene entwickeln sich auseinander zu umfassender Dialektik. – All dieses ist aber bei Cervelló Autuori weitgehend spekulativ und so allgemein, dass die

falls nicht aus vergleichender Forschung. Die Hochkulturen haben ihre gemeinsamen Entwicklungsgesetze der Steigerung, der Ethnogenese und schließlich der Hypolepse, die sonst mit dem als Intertextualität bezeichneten deckungsgleich ist. Auf der anderen Seite bei den Stammeskulturen geschieht nichts Nennenswertes das Gedächtnis Bestimmendes mehr. Dem Leser von Assmanns Buch bleibt die Frage, ob es sich objektiv so verhält in der Menschheitsgeschichte, oder ob es sich vielmehr um eine Sperre in Assmanns persönlichem Bewusstseins- und Gedächtnishorizont handelt.

Hier hilft ein erneuter Blick auf die Abgrenzung des kulturellen vom einfachen älteren „kommunikativen" Gedächtnis bei Assmann weiter. Er kommt dort mit einem längeren Zitat auf Jan Vansina, *Oral Tradition as History* 1985 zu sprechen. Vansina geht es wie Assmann um die aktive, fast personal subjektive Tätigkeit des Gedächtnisses, aber in schriftloser, vorwiegend afrikanischer, Gesellschaft. Bei dieser bilden sich im erinnernden Bewusstsein verschiedene Zeiten der Vergangenheit heraus: Einerseits die jüngste, selbst erlebte Vergangenheit, andererseits die fernen „Überlieferungen der Ursprünge" der eigenen Identität. In beiden arbeitet das erinnernde Bewusstsein verschieden. Und außerdem trennt es beides durch eine Lücke wandelbaren Ausmaßes, von Vansina „the floating gap" genannt und für das Volk der Tio im Kongo, wo er selber forschte, genauer beziffert: er lag etwa achtzig Jahre zurück, verschob sich aber im Lauf der Jahre objektiv, während er für die Tio selber gleich blieb. Diese Lücke nennt Vansina aus der archäologischen Forscherperspektive „the dark age".

An dieser Stelle erhebt Assmann Einspruch, beziehungsweise: er denkt anders weiter. Anders als bei der objektiven Forschungsperspektive

> kommt es uns dagegen unter dem Stichwort „Gedächtnis" vielmehr auf die Innenperspektive der betreffenden Gesellschaft an, eine Unterscheidung, die

---

konkrete Linie Afrika – Ägypten verblasst. Es fehlen der angenommenen Entwicklung die Alleinstellungsmerkmale.

> bei Vansina nur eine beiläufige Rolle spielt. – Hier zeigt sich nun, dass von einer Lücke, ob fest oder fließend, gerade keine Rolle sein kann. Im kulturellen Gedächtnis der Gruppe stoßen diese beiden Ebenen der Vergangenheit vielmehr nahtlos aufeinander (49f).

Assmann verweist hier allgemein auf Genealogien, die eine solche Lücke nicht angeben: das könnte richtige oder falsche Interpretation von Genealogien sein, aber es bedürfte in beiden Fällen der Verifikation oder Falsifikation, die Assmann aber nicht für notwendig erachtet. Hier sagt ihm sein eigenes logisch zeitloses Modell, was richtig ist.

Vansina dagegen geht hier an das Beobachten und Interpretieren: *Oral tradition* weltweit, besonders aber in Afrika, hat ihre eigene Komplexität, die in diesem Fall nicht nur die der schriftlosen Gesellschaften ist, sondern die der menschlichen Kultur überhaupt. Ihre Erforschung „may ...help to spread more awarenenss on how intricate, how rich, how revealing the messages from our forbears really are“(201). Unser aller Erbe ist nicht nur in den Hochkulturen, sondern auch in den archaischen, den Stammeskulturen und ihrer Weise des Sich-Erinnerns. Der Gedanke an ein gemeinsames „Substrats“ meldet sich hier wieder. Und im Blick auf Ägypten und Afrika bei Assmann kommt leicht paradoxerweise zu Tage: Die räumliche Nachbarschaft Ägyptens, die angrenzenden afrikanischen Kulturen kommen darum nicht zur Sprache bei ihm, weil Afrika zu komplex, weil es nicht einfach genug und modellkonform ist.

Das Thema schriftlicher und mündlicher Traditionen bei Assmann erfordert noch eine einschränkende Nachbemerkung. Es gibt zwar in seinem Gesamtwerk eine Linie, welche die Entstehung von Schriftkultur und Schriftreligion als den eigentlichen Motor der Aufwärtsentwicklung sieht, so betont der Abschnitt „Der ‚scriptural turn‘: vom Kult zum Buch“ in der *Mosaischen Unterscheidung*[56]. Alles scheint dort am Medium zu hängen, auch die Religion, was ihren Begriff seltsam verarmen lässt.

---

[56] *Die Mosaische Unterscheidung*, 145-151.

Religion, so ist hier einzuwenden, kann ohne Buch sein, aber nicht ohne Kult, in dem immer das Gebet eingeschlossen ist, auch in vergeistigt-innerlicher Religion.

Doch auch damit sagt man Assmann nichts Neues. Er distanziert sich andernorts von J.Goody und E.A. Havelock, weil sie beide den Übergang zum Medium Schrift „überbewerten"[57]. Schrift kann unter Umständen auch wieder verloren gehen, ohne dass die Religion verloren geht. Dies ist für Afrika bedeutsam nicht nur in Richtung Niedergang, sondern auch in Richtung Herkunft. Religion ist älter als Schrift. Assmann legt Wert darauf, dass Ägypten archaisch ist und in vielem mit den älteren Stammesgesellschaften verbunden. *Ma'at* die konnektive Gerechtigkeit, der ägyptische Leitwert sowohl des Handels wie auch der kosmischen Ordnung, lebt auch anderwärts. Zugespitzt: afrikanische Weisheit ist *Ma'at*, die noch nicht zu sich gekommen ist, ägyptische *Ma'at* ist archaische Weisheit, wie sie im Rahmen der Hochkultur und des Staates lebt. Sie kann anderwärts, bei den Freien und Gleichen auch ohne Pharao, ohne Königtum und Staat leben. Hier könnte Assmanns wichtiges Buch *Ma'at – Gerechtigkeit und Unsterblichkeit im Alten Ägypten* auch der Deutung afrikanischer Kulturen manche Anregung geben[58].

Die Abneigung Assmanns, sich mit den afrikanischen Nachbarn und ihren schriftlosen Kulturen einzulassen, lässt sich schließlich noch auf eine andere Weise verständlich und einfühlbar machen: In seiner über Jahrzehnte gehenden Auseinandersetzung mit K. Jaspers' Gedanken einer Achsenzeit weist er besonders hin auf Jaspers' Unwilligkeit sich mit den Menschen der Vor-Achsenzeit, die er im mittleren Teil des ersten vorchristlichen Jahrtausends ansetzt, ernsthaft zu beschäftigen. Jaspers tut diese alte Zeit „mit wenigen Strichen ab"; diese Kulturen sind „unerwacht", sie besitzen eine „magische Religion ohne philosophische Erhellung, ohne Erlösungsdrang". Trotz großer Leistungen in der Kunst des Bauens und der Plastik bestimmt sie „eine eigentümliche Dumpfheit". Hier sieht Assmann bei Jaspers die Grenze, die es zu überschreiten gilt: Jaspers hat die „Fremdheit der vorachsenzeitlichen Überlieferung überbetont". Das alte Ägypten hat uns ermöglicht, die zeitliche Grenze der Menschen, mit denen wir heute leben, um zwei Jahrtausende weiter in die Vergangenheit zu verlängern; der Schlüsselbegriff der Ma'at, der zum vorachsenzeitlichen

57 *Das kulturelle Gedächtnis,* 291f

58 *Ma'at: Gerechtigkeit und Unsterblichkeit im Alten Ägypten,* München (1990) ^{3}2020.

Ägypten gehört, ist eine der wesentlichen Brücken über den vermeintlichen Abgrund der Zeiten.

Aber damit kommt der weitere Blick auch der neueren Ägyptologie an seine Grenze. Weiter zurück als zu den frühen Schriftkulturen geht auch bei Assmann das Interesse nicht. Für das, was davor liegt, die nichtschriftlichen Traditionen, genügen ihm, wie Jaspers für die Vorachsenzeit, wenige ungeduldige Striche und die übernommenen Ansichten einer älteren Forschungszeit. Hier müsste der erweiterte Blick auch der Ägyptologen hinausgreifen von der Welt der Texte in die Welt der mündlichen Überlieferung der afrikanischen Nachbarn, und dies um so mehr, als diese Kulturen bis in die Gegenwart leben und eine eigene Spezialwissenschaft beschäftigen, auf deutsch „Ethnologie“, auf englisch „anthropology“ genannt. Was Frankfort das gemeinsame „substratum“ nannte, gibt auch heute noch das Anschauungsmaterial um zu verstehen, wie der Übergang von schriftloser zu schriftlicher „Hochkultur“ sich vollzieht und wie er das beide verbindende Menschliche verändert.

4. Die Begegnung primärer und sekundärer Religion in Ägypten und Afrika: Assmann und Th. Sundermeier

Der zweite Afrika-Experte, mit dem Assmann ins Gespräch geht, ist Theo Sundermeier, der Religions- und Missionswissenschaftler, sein Kollege in Heidelberg. Ihm ist das Buch *Die Mosaische Unterscheidung* 2003 gewidmet. Im letzten Kapitel dort über die „psychohistorischen Konsequenzen des Monotheismus“ belegt ein längeres Sundermeier-Zitat, wofür Assmann ihn zum Zeugen und Bundesgenossen aufruft. Es geht um das, was bei der Einführung des Monotheismus als sekundärer, neuer Religion von der alten, primären Religion nicht verschwindet, sondern absinkt in die Unbewusstheit, bildhaft in die „Krypta“[59]. Es wird von dem darüber

[59] Zum Bild der Krypta s. auch J. Assmann, „In den Krypten der sekundären Religion. Zu einer künstlerischen Allegorie“ in D. Becker (Hg.), *Mit dem Fremden leben. Perspektiven einer Theologie der Konvivenz. Theo Sundermeier zum 65. Geburtststag*, Bd 2, Erlangen 2000,87-98.

Erbauten unsichtbar gemacht, besteht aber im Untergrund weiter. „Keiner neuen oder sekundären Religion ist es jemals gelungen, die Spuren der primären Religion(en), auf der oder denen sie aufbaute, vollständig zu vernichten": so Assmann[60]. Als Beleg dafür zitiert er Sundermeier:

> Die Religionsgeschichte verläuft nun nicht einfach so, daß das Neue, das die Seher und Stifterbringen, die sekundäre Religionserfahrung, die primäre ablöst, sondern in einer dritten Phase, einem komplexen Prozeß von Abstoßung und symbolischer Neuintegration werden die lebenswichtigen Elemente der sekundären Religionserfahrung in die primäre integriert und zu neuer Synthese verschmolzen. Hier gibt es einen gewachsenen Synkretismus, der unvermeidbar und positiv zu werten ist. Je tiefer diese Synthese gelingt, um so lebendiger wird die neue Religion sich als Volksreligion etablieren können[61].

So Sundermeier. Sein Interesse ist diese neue dritte Phase, das Neue, das in ihr wird: hier redet er andeutend und allgemein von dem, was Mission in neuerer Zeit in Afrika bewirkt hat, die Annahme des Christentums als neuer Volksreligion. Doch diese Phase ist offensichtlich für Assmann nicht das wirklich Interessante, sondern das in die Krypta abgeschobene, „vergessen und unsichtbar" gemachte Alte. Er geht, im Unterschied zu Sundermeier, vom tiefen Bruch in der ägyptischen Religionsgeschiche durch den von Echnaton im 14. vorchristlichen Jahrhundert eingeführten Monotheismus aus und von der Wiederholung eines Bruches gleicher Art in Israel durch einen nicht historischen, aber kollektiv erinnerten Mose. Im unmittelbar anschließenden Abschnitt kommt Assmann dann auch, nach Sundermeier, auf einen anderen Gewährsmann für das bleibende Alte in der „Krypta": „Das erinnert an die Religionstheorie Sigmund

60 *Die Mosaische Unterscheidung*, 151.

61 151. Zitat aus Sundermanns Artikel *„Religion, Religionen"* in K. Müller/Th Sundermeier (Hgg.),*Lexikon missionstheologischer Grundbegriffe*, Berlin 1987, 411-422, Zitat 418.

Freuds[62].“ Hier aber trennen sich zwei Wege: der Assmanns und Freuds auf der einen, und der Sundermeiers auf der anderen Seite. Bei diesem geht es anders weiter. Auch wenn die Formulierung der Integration des Sekundären in das Primäre – statt umgekehrt des Primären in das Sekundäre – zweideutig ist, der Gedankengang führt auf das wachsende Neue hin. Es gibt Neues unter der Sonne, eben das, was Assmann mit Freud leugnet: wirklich Neues gibt es nicht, sondern nur Vergessen und Verdrängen des unvermindert lebenskräftigen Alten.

Sundermeier und Assmann reden hier von verschiedenen Dingen, die es beide gibt in der Religionsgeschichte, aber beide haben dabei hinter dem Teil das Ganze und allgemeine der Religionsgeschichte, ihre Gesetzmäßigkeit im Sinn. Irrtümlich wäre dann nur, dass Assmann Sundermeier für seine Sicht in Anspruch nimmt. Er bleibt bei seiner von Ägypten und Israel her begründeten These, dass der Bruch, die unerbittliche Unterscheidung von primärer und sekundärer Religion der Schlüssel zum Ganzen ist: dem steht die von Sundermeier angeführte moderne afrikanische Erfahrung entgegen. Neues wird durch den Religionswandel, die Annahme von etwas Anderem nicht „einfach so“ – aber es wird.

Diese Kontroverse lässt sich mit der Gegenüberstellung nicht einfach und abschließend klären, wohl aber eröffnen. Und sie hat wesentlich mit dem Thema Ägypten und Afrika zu tun: gibt es nicht einfach nur den Bruch und die Verdrängung des Primären in das Unbewusste, sondern in der Begegnung von primärer Religion mit der Botschaft sekundärer Religion – die nicht immer nur der nackte Monotheismus ist, sondern, im Falle Afrikas, das Evangelium – dann ist das ganze Verfahren noch einmal aufzunehmen und zu fragen, was die christliche Erfahrung zum Verständnis der Begegnung von sekundärer mit primärer Religion allgemein beiträgt.

---

[62] 152. Zur ausführlichen Freud-Deutung s. Assmann, *Moses der Ägypter*, Kp. VI, „Sigmund Freud: die Wiederkehr des Verdrängten“, 213-242 und das Nachwort Assmanns in s. Freud, *Der Mann Moses und die monotheistische Religion*, RUB 18721 Ditzingen 2019, 176-216.

5. Berührungen mit dem Afrozentrismus: M. Bernal und M. Karenga

Seit 1984 machte ein gründlicher Angriff auf die griechisch-nordische Ursprünglichkeit der abendländischen Kultur Aufsehen: M. Bernal, *„Black Athena: the Afro-Asiatic Roots of Classical Civilization“*[63]. Griechenland sei kulturell von Afrika, genauer von Ägypten, weit abhängiger als moderne und teilweise auch antike Autoren dies zugestehen wollen. Assmann widmet Bernal 1992 eine ausführliche Rezension. Darin zerpflückt er einige von Bernals Argumentationsgängen, wehrt aber in der Hauptsache und persönlich gekränkt die Verdächtigung ab, alle westliche Kulturwissenschaft und -geschichte sei letztlich Ideologie: nichtideologische Wissenschaft ist immer in Gefahr, aber sie ist möglich, hält er Bernal mit Berufung auf Max Weber entgegen. Auf das inhaltlich „Schwarze“ an Athene lässt sich Assmann, wie im Übrigen auch Bernal selber, nicht weiter ein, gerade das aber wäre interessant und ein genuiner Bezug zu Afrika. Bei Bernal unterscheidet Assmann zwei Tendenzen: eine gute als Mnemohistoriker und eine weniger gute als Faktenhistoriker. Bernal klammere sich bei den antiken Quellen zu sehr an Diodor und Hekataios und nähme ungeprüft als Fakten, was bei beiden eindeutig ideologisch gefärbt sei, nämlich die Darstellung des ptolemäischen Reiches als legitime Fortsetzung des pharaonischen Reiches.

Weiter an eigentlich Afrikanisches kommt Assmann 2001 im Vorwort zur Dissertation des Afroamerikaners und zeitweiligen Black Power Aktivisten *Maulana Karenga* heran: *„Maat: The moral ideal in Ancient Egypt“*[64]. Hier sieht Assmann Neues zum Bewährten der Ägyptologie hinzukommen. Karenga übt als Philosoph, der selber die strenge philologische Arbeit an den alten Texten durchgemacht hat, die Anwendung des so

---

63 M. Bernal, *Black Athena:* The Afroasiatic Roots of Classical Civilization, Vol I, London (1987) 1991. – J. Assmann, „Sentimental Journey zu den Wurzeln Europas. Zu Martin Bernals „Black Athena“, in *Merkur,*1992, 921-931.

64 M. Karenga, *Maat: The Moral Ideal in Ancient Egypt,* 2004, Foreword by J. Assmann, XVII-XXII. Zu Karengas bewegtem Leben s. den Wikipedia-Artikel zu Karenga.

Erarbeiteten auf moderne Fragen der Ethik in einer Direktheit wie er, Assmann es sich selber nicht erlauben würde. Durch seine afroamerikanische Identität eröffnet Karenga, nach der antiken Aneignung des ägyptischen Altertums durch Griechen, Römer und heute lebende Ägypter (1), der gelehrten Ägyptophilie seit Renaissance und Humanismus (2) und (3) der mit der Entzifferung der Hieroglyphen durch J.F. Champollion 1822 inaugurierten, positivistisch bescheidenen wissenschaftlichen Ägyptologie, nun (4) eine weitere Phase der Ägyptophilie, streng in den alten Texten begründet, aber „philosophisch" eigene moderne Fragen an sie heranbringend, und damit altes Wissen nach Jahrtausenden neu verpflichtend wieder an den Tag bringend.

Nicht ganz deutlich wird in dieser Ansage Assmanns eines vierten Umgangs mit Ägypten, wer ihn verwirklichen wird und aufgrund welcher Qualifikation: dass Karenga Afroamerikaner ist und Professor für „Black Studies" wird von Assmann zwar gesagt, aber nicht weiter kommentiert. Dass Karenga Philosoph ist, ist Assmann wichtiger als dass er afrikanischer Abstammung ist[65]; man kann sich all das Lobende, das er zu dessen Maat-Abhandlung schreibt, auch vom Werk eines Asiaten oder eines indigenen Amerikaners, den wir vordem Indianer genannt hätten, vorstellen, der über Ägypten forscht. Dem Zusammenhang zwischen Afrikanischem und Ägyptischen fehlt bei Assmann, anders als bei Karenga, der auf Anta Diop positiv Bezug nimmt, die begründende Notwendigkeit: die eng positivistische Ägyptologie soll überschritten werden, aber vom lebenden afrikanischen Kulturerbe erwartet Assmann, so scheint es, keine spezifischen Beitrag dazu. Er ist bei aller Selbstbescheidung doch davon überzeugt, dass auch er selber als moderner Europäer seine eigene Disziplin philosophisch und hermeneutisch übersteigen kann.

---

[65] S. jedoch Foreword XXV: „It is also with respect to the concept of person and of the central aspects of human sociality that traditional African values seem most illuminating. In these areas, Egyptology will have to learn from African philosophy."

C. Grundlagenkrise der Ägyptologie?

M. Fitzenreiter 2008

Assmanns Kritik an Jaspers‘ Blindheit für die Vorachsenzeit führt zurück in seine eigene entsprechende Sehschwäche für die an Ägypten angrenzenden Stammeskulturen, die Nicht-Hoch-Kulturen. Sie sollten künftige Ägyptologie interessieren. Die Ägyptologie hört aber so oder so mit Assmann nicht auf, sondern geht weiter, über ihn hinaus. Wohin? Dazu sei nochmals eine Geschichte aus Berlin berichtet. Im Wintersemester 1991/92 besuchte ein Student der Ägyptologie der Humboldt Universität eine eingangs schon erwähnte Vorlesung „Einführung in das Studium afrikanischer Religionen". Dieser Student, Martin Fitzenreiter, blieb auch in den folgenden Jahren als Promovierter in Verbindung mit dem Professor der Lehrveranstaltung und wirkte gestaltend mit an mehreren Seminaren über Totenkult in Afrika und Ägypten und verwandte Themen und gab 2008 in einem Aufsatz Rechenschaft über die Gebietsausweitung in einem Aufsatz: „Was interessiert den Ägyptologen/die Ägyptologie an Afrika?"[66] Der Aufsatz ist gesättigt mit Verweisen und Bibliographie zu allem, was in den letzten Jahrzehnten auf Deutsch, Englisch und Französisch zu dem Thema geschrieben wurde; er enthält aber auch einige grundsätzliche und programmatische Gedanken dazu, wie die Begegnung mit Afrika die Ägyptologie verändert hat, beziehungsweise: verändern sollte.

Diese Gedanke sollen hier abschließend zum Thema „Ägyptologie und Afrika" zur Sprache kommen, nach Assmann, nicht als Krönung des Überblicks, wohl aber als Vervollständigung der Lagebeschreibung. Fit-

[66] M. Fitzenreiter, „Was interessiert den Ägyptologen/ die Ägyptologie an Schwarzafrika?" in J. Theisbonenkamp/A. M. Selignow (Hg.), *Interdisziplinäre Afrikaforschung und neuer Afropessimsmus.* Symposion zum 70. Geburtstag von Heinrich Balz, Berlin 2009, 19-42.

zenreiter unterscheidet den afrikanischen Blick auf „Ägypten in Afrika“ – Diop und seinen weiteren Umkreis und den geschichtlichen Sinn der afrikanischen Provokation an die westliche Ägyptologie - vom europäischen Blick auf die notwendigen Erweiterungen und Veränderungen an der älteren Ägyptologie, die im Wesentlichen und fast ausschließlich eine Text-Wissenschaft war. Herausgefordert ist sie durch die neuen Erkundungen der Archäologie Ägyptens und des afrikanischen Umlandes, sodann, umstrittener, durch die Ethnologie: Rituale, die man vordem nur aus den alten ägyptischen Texten kannte, werden in sudanischen Stammeskulturen lebendig und anschaubar und verweisen auf ein jahrtausendealtes gemeinsames Substrat. Drittens schließlich erfährt der dafür aufnahmefähige westliche Forscher einen „Kulturschock“ durch afrikanische und gegenwärtige ägyptische Wissenschaftler, welche die Ergebnisse der Ägyptologie mit Fragen ihrer eigenen Herkunft und Identität zusammenbringen und, damit nicht genug, der westlichen Ägyptologie vorwerfen, dieses naiv und unbewusst von Anfang an ebenfalls getan zu haben. Diese Kritik rührt an die Grundlagen westlicher Ägypten-Wissenschaft: Fitzenreiter lässt die Grundlagenkrise ganz offenbar weiter an sich heran als Assmann dies mit der entfernten Möglichkeit „anderer Ägyptologien“ tut.

Er nimmt also Cheikh Anta Diop ernst in dem Sinne, dass er sein eigenes westliches wissenschaftliches Selbstverständnis in Frage stellen lässt. Er sieht und deutet das afrikanische Programm in geschichtlicher Analogie dazu, wie im 19. Jahrhundert „Hellas“ als Ursprung europäischer Kultur weniger entdeckt als vielmehr erfunden wurde: eben solches bezweckt auch der afrikanische Griff nach und die Inanspruchnahme von „Kemet“ – Altägypten für ein neues Selbstverständnis gegenwärtiger und künftiger afrikanischer Kultur. Dieser Anspruch kann nicht mit besserer Geschichtskenntnis einfach beiseite geschoben werden, er muss zuvor und erst einmal begriffen werden, auch in seinem Folgen für das europäisch wissenschaftliche Selbstverständnis: an seinem alten Anspruch frагloser Universalität kann es nicht festhalten. Aber auch der Weg neuer Selbstbescheidung ist, wie Fitzenreiter bei der jüngeren Generation westlicher

Ägyptologen beobachtet, nicht eindeutig. Er führt zu unterschiedlichen, sich widersprechenden Reaktionen.

Die eine mehrheitliche Reaktion ist die postmoderne eines „intellektuellen Hybrid-Multikulturalismus“: das vormalige Eigene wird relativ, aber das neue andere Afrikanische mit seiner anderen großen Geschichtserzählung ist es nicht minder: wir alle sind multikulturell und werden uns immer so oder so mit dem kulturell „Anderen“ ins Verhältnis setzen müssen. Diesen postmodernen Weg beschreibt Fitzenreiter, aber er geht ihn selber nicht mit. Seinen eigenen anderen Weg bezeichnet er, nicht ohne einige Ironie und in Anknüpfung an E. Said, als „bekennenden Orientalismus“: Das Eingeständnis der eigenen herkunftsbedingten Beschränkung führt nicht zur Absage an sie, sondern zu ihrer Bewusstmachung. Ein solchermaßen seiner Herkunftsbedingtheit bewusster westlicher Ägyptologe kann das Gespräch aufnehmen mit den ebenso herkunftsbewussten afrikanischen und neuägyptischen Ägyptologen.

So weit der Grundgedanke Fitzenreiters. Er entbehrt selber nicht der Ironie und wird so vertreten nicht von einem Ordinarius, sondern von einem Privatgelehrten, der im wiedervereinigten Deutschland fleißig publiziert. Ein *bewusster* Orientalismus ist im kritischen Sinn E.Saids schon keiner mehr, und die Zuspitzung von 2008 ist eine Momentaufnahme. Spätere Äußerungen Fitzenreiters sind gedämpfter, weniger dramatisch. „Man möchte einfach besser sein als die letzte Generation...und ich selber möchte eigentlich auch, dass das stimmt, was ich mir von der pharaonischen Zeit vorstelle“[67]. Der Selbstzweifel mäßigt sich, geht zurück in Grenzen – ebenso auch die Absage an die mehrheitliche postmoderne Introspektion der Forschenden. Dabei hat diese im Fall Fitzenreiters noch einen anderen Grund: in Ost-Berlin war bis zum Ende der DDR der Glaube an die objektiven Gesetzmäßigkeiten der Wirklichkeit außer uns so groß, dass die subjektiven Anteile in wissenschaftlicher Erkenntnis

---

[67] Mailbrief an den Vf,, Dezember 2020.

und Theoriebildung nach 1989 mehr Faszination bei den Forschenden hatten als im alten Westen. Doch auch dies pendelte sich ein.

Fitzenreiter ist nicht der krönende Abschluss, sondern, dies sei wiederholt, die versuchsweise Vervollständigung unseres Blicks auf Ägyptologie und Afrika. Alle die großen Themen und möglichen, aber nicht verwirklichten Anschlussstellen, die vom weitgespannten Werk Assmanns zu referieren waren, bestehen noch. Sie sind nicht überholt durch das vorgerückte Alter Assmanns und erhalten nur in einigem eine neue Tönung. Weiter besteht die Frage nach dem Verhältnis von hochkultureller schriftlicher und notwendig ihr vorausgegangener mündlicher Tradition, eine Frage, die mehr zum afrikanischen Kontinent gehört als zu allen anderen von Menschen besiedelten Erdteilen. Der US-amerikanische Afrozentrismus will verstanden werden, bevor er widerlegt wird, und die Frage nach einem zweigeteilten gestuften Religionsbegriff harrt von Ägypten wie von Afrika her neuer Bearbeitung. Das strittig gewordene Selbstverständnis des westlichen Ägyptologen ist wohl eine Grundlagenkrise, es verwandelt sich in der Praxis aber bald auch in einen zusätzlichen Tagesordnungspunkt auf der fortbestehenden Grundlage allgemeiner Kulturwissenschaft mit ihren vielen regionalen Disziplinen.

Rückblick

Die Befragung beider Seiten der Begegnung, der afrikanischen wie der ägyptologischen, ist damit abgeschlossen. Materialien sind hier und dort gesammelt, die künftiger interdisziplinärer Begegnung von Nutzen sein können. Die Schwierigkeiten der Begegnung, Hindernisse, Mauern und scheinbare Abgründe wurden benannt. Was rückblickend bleibt, ist zu benennen, was beiderseits notwendig und unersetzbar bleibt. Auf der Seite Cheikh Anta Diops ist dies nicht der hohe Anspruch, dass die frühesten Ägypter insgesamt dunkelhäutige Afrikaner waren und alle wichtigen afrikanischen Völker einmal von Ägypten ausgegangen sind – wohl aber, dass Afrika eine Jahrtausende alte Geschichte hat und dass Ägypten ein wichtiger Teil von ihr ist. Die UNESCO Geschichte Afrikas verwirklicht dies angemessen. Mehr zu behaupten hieße die lange Vorgeschichte der Menschheit in Afrika teleskopisch zu verkürzen und die eigenen selbständigen schwarzafrikanischen Ursprünge von Kultur verleugnen.

Von ägyptischer Hochkultur gilt, dass sie ab einer bestimmten Zeit im dritten vorchristlichen Jahrtausend ihren eigenen „diverging path" auf dem afrikanischen Kontinent ging, aber ausgehend von einem mit den Nachbarn dort verbindenden alten gemeinsamen Substrat, und dass auch zur Blütezeit ägyptischer Kultur die Isolation von den umgebenden Gesellschaften, Kulturen und Königtümern nie eine vollständige war. Wie die Verbindungen waren, ist ein noch weitgehend unerforschtes Gebiet. Die Kontakte und Überschneidungen westwärts, vor allem aber zu den Nachfolge-Reichen im Sudan, sind schon Gegenstand intensiver Forschung und bezeugen den langdauernden Austausch „zwischen zwei Welten", der ägyptischen und der nubisch-afrikanischen[68].

So weit der zusammenfassende Rückblick in beide Richtungen. Was sich an unmittelbaren Forschungsaufgaben daraus neu ergibt, wurde für

---

[68] L. Török, *Between Two Worlds.* The Frontier Region between Ancient Nubia and Egypt 3700 BC – AD 500, Leiden and Boston 2009.

die Ägyptologie im vorigen Abschnitt schon angedeutet. Es bleibt aber, mit beobachtendem Abstand noch einiges wenige Ergänzende nachzutragen. Unser eigener Ausgangspunkt ist ja nicht der ägyptisch fachwissenschaftliche sondern, wie in der Vorbemerkung des Aufsatzes erwähnt, ein praktischer und interkultureller. Was interessiert den europäischen Hochschullehrer, der in Afrika doziert und was will er seinen Studenten dort über Afrika und Ägypten vermitteln. Der schwarze Kontinent ist, ob von Schwarzafrika oder von Ägypten aus gesehen, eine Gräberstätte, ein großer Friedhof: die Lebenden beschäftigen sich dort mehr mit dem Tod und den Toten als dies die Lebenden in Europa oder Asien tun. Die Enttäuschung eines Kameruner christlichen exegetisch gebildeten Theologen, dass das Neue Testament so „dürftig“ und „trocken“ zu dieser großen Frage ist, sie will ernst genommen werden. Die Auskunft des religionswissenschaftlich gebildeten Theologen: „Der biblische Mensch fragt so nicht“ ist richtig, aber sie hilft nicht weiter[69]. Die Enttäuschung des afrikanischen Christen wäre möglicherweise auch die des alten Ägypters, der dem christlichen Evangelium begegnete. Die Frage ist auch, mit Hoffnung auf mehr Auskunft, weiterzugeben an die koptische und äthiopische Kirche, die seit mehr als einem Jahrtausend in einem komplexen Trauerritual das neue Christliche mit dem alten afrikanischen und ägyptischen verbindet.

Es geht aber nicht nur um die praktische Frage des Rituals, sondern darum wie, von Afrika herkommend, die altägyptische Religion als ganze verstanden und wo ihre Mitte gesehen wird. Um dies an einem Punkt zu veranschaulichen: Könnte es sein, dass, vom afrikanischen Ahnenkult aus betrachtet, bei aller Gemeinschaftsgebundenheit der Weg des Einzelnen bedeutsamer ist als die Ordnung der Welt – dass Osiris die Mitte der ägyptischen Religion ist und nicht Pharao der Gottkönig? Das würde dann auch bedeuten, dass das Eigentliche ägyptischer Religion noch nicht im Alten, sondern erst im Mittleren Reich zu sich gekommen wäre. Das

[69] S. hierzu H. Balz, *Where the Faith has to live.* Studies in Bakossi Society and Religion, II, Berlin 1995, 111-118.

Thema, auf welches afrikanische Gelehrte schon hingearbeitet haben und das auch andere interessieren würde, wäre dann: Osiris der Afrikaner[70].

Dies würde in einem weiteren Schritt auch das von Europa wie von Afrika aus strittige Grenzland zwischen Philosophie und Religion betreffen. In der Begegnung von Afrika und Ägyptologie deuten sich nicht nur trennende Abgründe, sondern auch neue unerwartete Konvergenzen an. Assmanns Kosmotheismus und Mabika Nkatas Philosophie des *Nun* könnten kompatibel sein. Als Ergebnis der Begegnung ließe sich dies vorsichtig und vorläufig so formulieren:

- Beide, Mabika Nkata und Assmann, wollen weg von einem nur transzendenten Gott über und außerhalb der Welt. Assmann sieht dabei das zu Überwindende wesentlich im revolutionären, exklusiven Monotheismus in der Linie von Echnaton über Moses in die Offenbarungsreligionen: Judentum, Christentum, Islam. Mabika sieht den Monotheismus weniger verhängnisvoll, geht aber mythologisch hinter ihn zurück in die Urflut, das *Nun,* bevor ein persönlicher Gott und Schöpfer wurde.
- Um zum heilsamen Kosmotheismus zurückzukommen, geht Assmann von Ägypten durch Antike, Renaissance, Aufklärung und Romantik, um das vom Offenbarungs-Monotheismus Verleugnete wieder hervorzubringen – Mabika Nkata geht vom Ägyptischen bruchlos in das vermutete Gemein-Afrikanische, um neben Gott dem Schöpfer den Gott in der Weltwirklichkeit, auch in der Evolution, wiederzufinden. Gott ist über der Welt und *in* der Welt. Pantheismus lehnt er ab.
- Assmann kämpft, um die Linie der Mosaischen Unterscheidung zurückzudrängen, in ihre Schranken zu weisen – sie wirklich rückgängig zu machen, ist nicht möglich. Mabika Nkata kämpft nicht, er versöhnt die beiden Wirklichkeiten Gottes. Er lässt seinen anfänglichen engen Thomismus hinter sich, nicht aber – wie

[70] H. Balz, „Osiris der Afrikaner" in ders., *Ngoe – Osiris – Aeneas.* Drei Untersuchungen zu Gründern und Ahnen, Berlin 2014, 74-104.

> Bilolo – die christliche Theologie. Er lebt als Pan-en-theist im Frieden mit seiner katholischen Kirche[71].

Von der Seite „Kult und Buch" ist auch die Frage nach dem Begriff von Religion überhaupt neu in Bewegung zu bringen.

Dies würde in einem zweiten Schritt auch die Frage nach Kult/Ritual und dem Begriff von Religion überhaupt neu beleben. Kann Religion überhaupt und als solche sich „vom Kult zum Buch fortbewegen"? Vom modernen Slogan aus, dass „das Medium die Botschaft ist", wäre das wohl ein entscheidender Schritt und das Wesen menschlicher Kultur, die wir machen und die uns macht. Aber vom tieferen Zusammenhang Ägyptens mit Afrika her wäre eher das andere, das Unmoderne zu vermuten: Das Medium ist nicht die Botschaft. Sie ist vorher da und sie bleibt auch, ob schriftlich oder schriftlos. Ein wertvolles Buch, eine gute Bibliothek, die nicht genutzt wird in noch überwiegend mündlicher Kultur und Lehr-Übermittlung, wirkt nichts, sie ist schlummernde Latenz, wo nicht gar ein nass gewordenes Pulverfass.

Schließlich bleibt auch die Frage nach der tieferen, eigentlichen Unterscheidung in der Religion. Am Ende ist sie nicht „wahr oder unwahr", sondern „heilig und profan". Sie ist die tiefere Unterscheidung, tiefer in bestimmtem Sinne auch als die Unterscheidung „wahr und falsch".

Das sind große Fragen. Afrika und Ägypten führen auf sie hin und sind wohl beide in ihrer Begegnung ohne sie auch nicht ganz zu verstehen. Doch auch bei Grundfragen darf man nicht stehen bleiben. Zur praktischen Behandlung steht die Interdisziplinarität von Afrikanistik und Ägyptologie. Was den Ägyptologen an Afrika interessiert – interessieren sollte, hat Martin Fitzenreiter benannt. Es bleibt der parallele Vorschlag auf der Seite etwa des Unterrichtens afrikanischer Geschichte für künftige afrikanische Theologen, und nicht nur für sie, auch für europäische. Agypten sollte in ihrem Lehrplan nicht nur als Land der Knechtschaft

[71] Zum Begriff des Panentheismus s. J. Macquarrie, *In Search of Deity,* London 1984 und ders., Art. „Panentheismus" in TRE, Bd XXV,611-615.

erscheinen, aus welcher das Volk Gottes befreit wurde, sondern auch als das Land der Weisheit, in welcher Mose – sei es faktisch geschichtlich, sei es gedächtnisgeschichtlich – unterwiesen wurde[72].

---

72 Apostelgeschichte 7,22.

ERZÄHLUNG UND ERINNERUNG

Zur Polyphonie von Aneignung

Martin Fitzenreiter

1.

Wie ist das Verhältnis Afrikas zu Ägypten zu erzählen – und zwar als eine afrikanische Erinnerung? Diese Frage stellt sich Heinrich Balz. Und obgleich seine Auseinandersetzung mit dieser Frage schon viele Jahre andauert, kommt die Studie genau jetzt zur rechten Zeit. In diesen – so sollte man tatsächlich sagen: Tagen – wird afrikanische Geschichte neu gedacht; und neu gelebt. Neu gedacht als Erzählung. Neu gelebt als Erinnerung.[73]

Auch für die Ägyptologie sind diese Tage eine Herausforderung: Zumutung, Aufforderung und Chance, ihren Platz im Feld aus Erzählung und Erinnerung neu zu denken, wie auch den Charakter des von ihr erforschten, formulierten und so letztendlich als epistemisches Ding erzeugten pharaonischen Ägypten. Denn dies ist ein passender Begriff für das, was als *das pharaonische Aegypten* umhergeistert. Ein epistemisches Ding; ein Konglomerat von Erkenntnissen und Vorstellungen, Objekten und Räumen, das als Aktant zu vielerlei Reaktionen anregt.[74] Die Ägyp-

---

73 Zur jüngsten Wende der Erinnerungskulturen: Sebastian Conrad, Erinnerungen im globalen Zeitalter. Warum die Vergangenheitsdebatte gerade explodiert, Merkur 867, August 2021, 75. Jahrgang, 5-17.

74 Zum Begriff des *epistemischen Dinges:* Gustav Roßler, Kleine Galerie neuer Dingbegriffe:~Hybriden, Quasi-Objekte, Grenzobjekte, epistemische Dinge, in: Georg Kneer, Markus Schroer und Erhard Schüttpelz(Hg.), Bruno Latours Kollektive, Berlin: Suhrkamp, 2008, 76-107. Da die Begrifflichkeit weiterhin als schwammig oder – je nach Gemütslage – ambig zu fassen ist, nutze ich den Begriff für alle Phänomene (Erfahrungen, Diskurse etc. pp.) die als Wissen *(Epistem)* geschaffen und erworben werden und dingartige Eigenschaften (*agency* oder *affordance*) besitzen. Dementsprechend benutze ich – damit Erik Hornung (Das esoterische Aegypten. Das

tologie, wie sie sich im 19. Jahrhundert an westlichen Universitäten etablierte, hat dieses Epistem maßgeblich geformt. Ihre Forschung erhebt Befunde und leitet sie einer Erzählung zu, in der diese als Fakten zu einer Geschichte zusammenführt sind. Während die Befunde mehr oder weniger Konstanten sind, sind sie es als Fakten schon nicht mehr. Aus Fakten formen sich interpretative Stränge; solche, die sich gelegentlich zu einer Meisterzählung verbinden, oder solche, die parallel nebenherlaufen, um sich eventuell in der Unendlichkeit doch zu schneiden.

Wird vom pharaonischen *Aegypten* erzählt, so ersteht und bewegt sich nicht nur das so dahergeredete Epistem. Menschen erzählen, werden angeregt und inspiriert, nehmen Stellung und vereinnahmen – kurz: eignen sich im Erzählen die Erzählung an. So zu einem Aspekt des Selbst geworden ist die Erzählung nicht mehr nur eine Geschichte. Sie wird aus dem Selbstverständnis und als Teil des Selbstverständnisses formuliert; sie wird Erinnerung. Erinnerung ist die Gegenwart der Vergangenheit (im Ich).[75]

2.

Unter diesem Gesichtspunkt gelesen (und es gäbe durchaus andere Aspekte, unter denen die Studie von Heinrich Balz zu lesen wäre und die wahrscheinlich sogar eher den Intentionen des Autors entsprächen; aber so ist das mit Texten, wenn sie einmal losgelassen selbst als epistemi-

geheime Wissen der Ägypter und sein Einfluß auf das Abendland, München 1999) folgend – die Schreibung *Aegypten*, um das Epistem vom geographischen Raum zu unterscheiden, der ihm seinen Namen gegeben hat.

75 Zum Begriff der *Erinnerung*: Jakob Schneider, Tiefe Brunnen und kein Ende: Notizen zur Rezeption und Wandlung der Gedächtnistheorie, Aegyptiaca. Journal of the History of Reception of Ancient Egypt Nr. 5, 2020, 610-638. Während Erinnerungen jenseits der individuellen Erfahrung gewöhnlich als kollektive Phänomene behandelt werden, als das epistemische Ding (kollektives) *Gedächtnis*, bleibt mir wichtig, die Bindung gerade auch dieses für das Selbstbild höchst wichtigen Elements an das Individuum und dessen Handeln zu betonen: Erinnern ist die Praxis- und damit *Seins*form von Gedächtnis; Erinnern ist Gedächtnis in Aktion.

sche Dinge Wirkung entfalten…) sind es drei Punkte, die ich ansprechen möchte.

Die erste wichtige Einsicht, welche die Studie eröffnet, ist: Die Herausforderung dieser Tage ist nichts Neues. Es gibt bereits lange eine intensive und originelle Auseinandersetzung mit der Erzählung und dem Erinnern des pharaonischen *Aegyptens* jenseits der westlichen Ägyptologie.[76] Diese hier prägnant dargestellte afrikanische Auseinandersetzung sollte man und frau kennen. Insbesondere deshalb, weil sie zu einem nicht unbedeutenden Teil außerhalb des woken angloamerikanischen Diskurses in der *lingua franca* des frankophonen Afrika und auch jenseits der Filterblase der *peer-reviewed journals* der „Normalwissenschaft“ und ihrer aktuell als angemessen erachteten Paradigmen stattfindet.[77] So ist die Studie eine spannende und kundige Einführung in das Phänomen, dass es mehr als eine Erzählung von *Aegypten* gibt.

Der zweiter Aspekt betrifft die persönliche Involvierung als Teil der Aussage, das, was hier als Erinnerung bezeichnet sei. Was die Studie vorstellt und auch das Anliegen der Studie selbst sind keine Übungen neutraler Wissenschaftlichkeit, sondern Teile einer Bestandsaufnahme, in deren Zentrum die Suche nach dem Selbst steht. Cheikh Anta Diop, Joseph Ki-Zerbo, Jean-Marc Ela, Théophile Obenga, Mubabinge Bilolo und Joseph Mabika Nkata wollen *Aegypten* als Teil ihrer Identität erinnern. Sie beanspruchen das Epistem (nicht zwingend den geographischen Raum, dessen afroasiatische Unbestimmtheit so manchen Afrikawissenschaftler verunsichert) und setzen sich so bewusst in Konkurrenz zu des-

---

[76] In diesem Zusammenhang sei auch auf die Beschäftigung mit dem pharaonischen Ägypten in der islamischen Welt in der Spätantike und frühen Neuzeit (ich folge in der Umgehung des Begriffs „Mittelalter“ Thomas Bauer, Warum es kein islamisches Mittelalter gab. Das Erbe der Antike und der Orient, München: Beck, 2018) verwiesen: Okasha El Daly, Egyptology: The Missing Millennium. Ancient Egypt in Medieval Arabic Writings, London: UCL Press, 2005.

[77] „… 'normal science' means research firmly based upon one or more past scientific achievements, achievements that some particular scientific community acknowledges for a time as supplying the foundation for its further practice. … to define the legitimate problems and methods of a research field …“ (Th. S. Kuhn, The structure of scientific revolutions. 2nd ed. Chicago / London 1970, 10).

sen Vereinnahmung durch den *Westen* (auch so ein Epistem, das seinen Namen einem Raum geographischer Unbestimmtheit verdankt). Dies ist auch der Punkt, warum die Publikation auf bemerkenswerte Weise aktuell ist. Erinnern ist ein Anspruch.

Ein dritter Aspekt ist: Der Text öffnet den Blick für einen Diskurs, der geographisch den Westen und das Zentrum Afrikas umspannt. Gelehrte oder Ansichten aus jenen Ländern, die zumindest geographisch am nächsten am Thema dran sind, treten nicht auf: Ägypten, Sudan, Äthiopien. Auch in diesen Ländern wird die Frage behandelt, doch anders, als es etwa Cheikh Anta Diop getan hat. Was anregt, die Polyphonie von Erzählen und Erinnern zu beleuchten.

3.

Zum ersten Aspekt. Es wurde schon häufiger auf die etwas paradoxe Situation verwiesen, dass die besonders mit dem Namen von Diop verbundene Vereinnahmung sich auf ein Konstrukt des *Westens* bezieht und sogar dessen Ressentiment übernimmt:[78] *Aegypten*. Ein aus dem mehrtausendjährigen kulturellen Kontinuum am Niltal herausgestanztes und in eine eigenartige Form gebrachtes epistemisches Ding, dem die ganze Fürsorge einer eigenen Wissenschaft gilt – der *(westlichen)* Ägyptologie – und die Begeisterung einer Praxis der kulturellen Aneignung – der *(westlichen)* Ägyptomanie. Diese Beobachtung ist richtig, übersieht aber den wesentlichen Aspekt. Das Konstrukt wird massiv durch die Diop'sche Neuerzählung unterlaufen. Diop nutzt das von der westlichen Wissenschaft geformten Korpus epistemischer Gewissheiten und interpretiert es

[78] Aus heutiger Sicht wird besonders der affirmative Gebrauch des Begriffs „Rasse" (*race*) als problematisch empfunden, der aber auch andeutet, dass man Gebrauch und Bedeutung solcher Begrifflichkeiten sehr genau aus dem Kontext analysieren sollte, nicht nur dann, wenn – wie im Fall Diop – afrikanische Wissenschaftler diese Begrifflichkeit übernehmen und umdeuten. Oft genug endet *decolonization* von Sprache in platter *decontextualization*.

neu. Sein Werk ist eine Neuerzählung zwar aus der gegebenen Befundlage heraus, aber diese Befunde werden als Fakten nicht im Sinne des gegebenen Paradigmas geordnet, wie es durchaus möglich gewesen wäre und auch von Afrikanern seiner Generation etwa in Ägypten durchaus und mit Erfolg gepflegt wurde. Siehe etwa die bei Balz erwähnte Stellungnahme von Gamal Mokhtar zur Diop'schen Erzählung. Diop ging es um eine radikale Neuerzählung, die auch ein gelebtes Erinnern jenseits der Zuschreibungen des westlichen Paradigmas möglich macht.

Der Umstand, dass aus den Versatzstücken historischer oder archäologischer Befunde recht divergierende Erzählungen geformt werden können, führte bereits seinerzeit zu einer Konkurrenz der Vereinnahmung, die im Rahmen des Gelehrtenstreits auch maulige Töne annahm. Das dem 19. Jahrhundert entsprungene lineare Geschichtsbild lässt kein Dazwischen zu. Und doch schreibt jede Generation ihre Geschichte neu. Eine Zeit lang kann die jeweilige Neuerzählung als Verbesserung verkauft werden, die dem Geschichtswissen der früheren Generation linear hinzugefügt wurde. Irgendwann aber darf auch dämmern, dass es darum geht, Erzählungen zu schaffen, die der den Umständen angemessene Vergegenwärtigung des Vergangenen dienen: der Erinnerung.

Diop und seinen Nachfolgern ging es darum, die kulturelle Größe des Epistems *Aegypten* für Afrika in Anspruch zu nehmen, sich seiner überhaupt und legitim erinnern zu dürfen. Aktuell inszeniert sich die Konkurrenz um die richtige Erinnerung schärfer. Es geht darum, legitim zu vereinnahmen und anderer Vereinnahmungen zu delegitimieren. Dabei geht es nicht nur um die Vereinnahmung der epistemischen Dinge; es geht genauso um die Vereinnahmung materieller Objekt. Wie die Episteme sind auch die materiellen Spuren der Vergangenheit der Erinnerung ausgeliefert. Als deren Teil akkumulieren sie Bedeutungen; so zu Semiophoren (Krzysztof Pomian) geworden dienen sie als Medien des *empowerment*, die man kontrollieren will und der Kontrolle anderer entziehen.[79]

[79] So ein Argument für die Überführung der Büste der Nofretete nach Ägypten im Gespräch bei: Richard Bußmann, Monica Hanna, Restitution of Knowledge: Beyond

So werden Episteme und Objekte schließlich als Dinge justiert, die andere nicht aneignen dürfen. Dass es jenseits von Afrika Erzählungen, Erinnerungen und eben auch Sammlungen gibt, in denen afrikanische Episteme und Objekte eine Rolle spielen, wird zum Problem; migrierende Episteme und Dinge werden zu Beute.[80]

4.

An dieser Stelle wird die individuelle Involvierung in die Techniken der Aneignung interessant, als das, was das Erinnern als Praxis ausmacht. Cheikh Anta Diops Angriff auf die westliche Erzählung diente dazu, Afrikanern das Recht auf Erinnerung und damit Gegenwart zu erkämpfen. Begründung findet dieses Recht in der Konstruktion der Erinnerung selbst. Da dieses Epistem, jenes Objekt Teil einer Erinnerung ist, gehört es dem damit verbundenen Erinnerungskollektiv: Es ist ja Teil von dessen Identität. Während Befunde der Interpretation zu Fakten unterworfen sind, die sich in widersprüchliche Erzählungen verwickeln lassen, ist Erinnerung immer unmittelbar und kann gar nicht hinterfragt werden. Erinnerungen sind immer richtig.[81] Was aber, wenn Erinnerungen interferieren oder sogar konkurrieren?

Nefertiti, Museums in Motion Workshop Series #5, 23.01.2021, <https://boasblogs.org/dcntr/restitution-of-knowledge/> min. 12:30ff.

80 Siehe die aktuelle, auf den Begriff der Beute fixierte Restitutionsdebatte: Bénédicte Savoy, Merten Lagatz u. Philippa Sissis (Hg.), Beute. Ein Bildatlas zu Kunstraub und Kulturerbe. Berlin: Matthes & Seitz, 2021.

81 Auch wenn in der jüngeren Debatte eine vor allem juristische Aufarbeitung unter den Stichworten „Raub" und „Beute" in den Vordergrund gerückt ist, sollte nicht übersehen werden, dass die Definition des „moralischen" Anspruches – der legitimen Erinnerung – an erster Stelle der Restitution steht, aus dem dann entsprechende juristische Vorgehensweisen entwickelt werden. Siehe dazu die Darlegung zweier juristischer Positionen (d. h. divergierender Erzählungen der Faktenlage auf der Grundlage identischer Befunde) zur Frage der Überführung der Büste der Nofretete, bei denen deutlich wird, dass erst die Bestimmung des moralischen Rahmens – das paradigmatisierende *framing* der angemessenen Vorgehensweise – die Fixierung juristischer Ansprüche konfiguriert: Kurt G. Siehr, The Beautiful One Has Come – to Return *und*

Die Studie ist eine spannende und kundige Einführung auch, weil sie aus einer speziellen Position geschrieben ist, die nicht auf die Antipode der aktuellen Debatte passt und so zu schnelle Gewissheiten unterläuft. Balz ist weder Ägyptologe noch ist er (gebürtiger) Afrikaner; er sucht und argumentiert als Theologe. Einerseits und vordergründig stellt der Text die Erkenntnisse der westlichen Ägyptologie deren Prüfung und Befragung durch afrikanische Ägyptologen gegenüber und *vice versa.* Andererseits liegt ihm eine Agenda zugrunde, die über das Epistem *Aegypten* nicht nur den Pfad einer allgemeinen Religionsgeschichte beschreitet, sondern zu Erkenntnissen stoßen will, die das Religiöse Afrikas überhaupt betreffen. An dieser Stelle ist Balz seinen afrikanischen Gesprächspartnern wie Bilolo und Mabika Nkata nahe, denen die religiöse Identität Teil des Welt- und Selbstbildes ist. Und zwar eines Welt- und Selbstbildes, dessen theologische Erzählungen sowohl afrikanische Episteme, solche pharaonischer Provenienz und eben auch des christlichen Glaubens umfassen. So kann Balz hier tatsächlich ein Gespräch führen, dass der (*westlichen*) Ägyptologie verwehrt bleibt, solange sie ihre paradigmatischen Grundlagen nicht aufgeben will (und warum sollte sie das?). Indem Balz und seine Gesprächspartner sich im Diskurs oder Erinnerungsraum der christlichen Religionsphilosophie begegnen, ist ein Gedankenaustausch möglich, der über Fragen der (*westlichen*) Sprachwissenschaft oder (*westlichen*) Ägyptologie schwierig bleibt. Womit sich zwischen die afrikanische Erzählung von Cheikh Anta Diop und die europäische der Ägyptologie die Erzählung aus einer afrikanisch gedachten christlichen Theologie stellt und zu den bis eben behandelten zwei Paradigmen der Erinnerung ein drittes oder überhaupt viele andere kommen.

Heinrich Balz, Jahrgang 1938, schreibt als Vertreter einer Generation, die sich in einer Phase der Entkolonialisierung sah. Entkolonialisierung sollte Befreiung sein: von Unterdrückung – auf afrikanischer Seite – und von Schuld – im Westen. Man wollte Distanz gewinnen, eigene

Stephen K. Urice, The Beautiful One Has Come – to Stay, in: John Henry Merryman (Hg.), Imperialism, Art and Restitution, Cambridge: University Press, 2006, 114-166.

Erzählungen entwickeln, eigene Erinnerungen. Man wollte wieder Respekt lernen und respektiert werden. Der kurze Traum ist vorbei.[82] Der postkoloniale Diskurs führt die Erzählungen wieder zusammen und legt die fortwährende Verstrickung offen, in der alle Seiten als Protagonisten ihrer Erinnerungen gefangen sind.[83] Die Proklamation einer neuen, der postkolonialen Schuld geht einher mit den bekannten Nebenwirkungen, insbesondere der Tendenz, die Hegemonie über den Diskurs zu beanspruchen. Mit den bösen Worten des bösen Carl Schmitt: Der ist souverän, der im Diskurs den Ausnahmezustand auszurufen vermag – auf Twitter.[84] Der von Diop erhobene Vorwurf, der Westen eigne sich einen Reichtum an Epistemen an, der ihm nicht zusteht, wird ergänzt um den Vorwurf von deren Vernichtung: Lebensweise, Denkweise, materielle Kulturen: „Epistemizid" ist so ein typischer Begriff der aktuellen Debatte.[85] Als frustrierendes Paradoxon bleibt zurück: Werden so die anhaltenden, neu aufbrechenden und immer traumatischen Verstrickungen der multiplen Erinnerungen offenbar, so wird doch weiter, wieder und penetrant auf die reinigende Trennung der Erzählungen in richtig und falsch, in gut und böse insistiert.[86]

---

82 Dazu, wie diese Bemühungen bereits seinerzeit von westlicher Seite unterlaufen wurden Bénédicte Savoy, Afrikas Kampf um seine Kunst. Geschichte einer postkolonialen Niederlage, München: Beck, 2021.

83 Eindrückliches Beispiel ist die Überführung des Berliner Völkerkundemuseums in ein Humboldt-Forum, bei der die dem Paradigma der Entkolonialisierung folgende Überhöhung nichteuropäischer Kulturen unter den inzwischen die Deutungshoheit gewinnenden postkolonialen Diskurs zum Debakel gerann. Exemplarisch der Kommentar von Bénédicte Savoy in: Koloniale Raubkunst - Prof. Dr. Bénédicte Savoy im Interview, ZDF Magazin Royale, 11.12.2020, <https://www.youtube.com/watch?v=nE89z19uha4>.

84 Siehe den Erlebnisbericht von Thomas L. Gertzen, Some Remarks on the 'De-Colonization' of Egyptology, GM 261, 2020, 189-203.

85 Boaventura de Sousa Santos, Epistemologies of the South: Justice Against Epistemicide, London / New York: Routledge, 2014 / Epistemologien des Südens: Gegen die Hegemonie des westlichen Denkens, Münster: Unrast Verlag, 2018.

86 Zum Kontext: Thomas Bauer, Die Vereindeutigung der Welt. Über den Verlust an Mehrdeutigkeit und Vielfalt, Ditzingen: Reclam, 2018.

5.

Um Abstand zu gewinnen, bietet sich der dritte oben angesprochene Aspekt an, der, dass in Nordostafrika noch andere Erzählungen und Formen des Erinnerns an *Aegypten* zu finden sind. Diesen Aspekt zu besprechen, sollte meine Aufgabe sein, als Heinrich Balz mit dem Projekt einer Betrachtung der afrikanischen Perspektive auf Ägypten an mich herantrat. Sie erwies sich aus mehreren Gründen als in der gewünschten Form nicht erfüllbar. Weil es mir an der nötigen Kenntnis der jeweiligen Wissenslandschaften fehlt; weil meinem ägyptologischen Paradigma die religionsphilosophischen Ansätze zu fremd sind; aber auch, weil es diese Perspektiven in anschlussfähiger Weise offenbar nicht gab und gibt. Aber auch das ist im Vergleich zu den Überlegungen von Cheikh Anta Diop und seiner Nachfolger bemerkenswert. Daher nun ein wenig doch ein Referat.

Wie von Balz dargestellt, ist von West- und Zentralafrika aus gesehen *Aegypten* vor allem ein imaginäres Ägypten und Verbindungen als Unterströme der Erinnerungen zu rekonstruieren, ist möglich und denkbar, liegt aber – wenn – dann weit zurück, sofern man nicht auf ominöse Wanderbewegungen zurückgreifen will. Für Nordostafrika, für die heutigen Staaten Äthiopien, Sudan und Ägypten selbst, ist das anders. Die Bindungen an und mit Ägypten sind sehr viel realer. Ägypten ist geschichtlich und in der Gegenwart Bezugspunkt im Kontext einer geographischen Verschränkung. Diese besonders – und auch dies ganz aktuell – bedingt durch die Lage am Nil.[87] Die Frage, ob es eine Beziehung zu Ägypten *gab*, stellt sich daher gar nicht. Eher liegt die Frage darin, in welcher Art man diese Beziehung interpretiert – also die gelebte Erinnerung erzählt. Eine zweite Frage wäre die, in welcher Beziehung man sich selbst zum *anderen*

---

[87] Arthur Okoth-Owiro, The Nile Treaty. State Succession and International Treaty Commitments: A Case Study of The Nile Water Treaties, Nairobi: Konrad Adenauer Foundation, 2004.

Afrika sieht, dem Epistem der Region südlich der Sahara, zu West- und Zentralafrika.

5.1

Das äthiopische Hochland, die heutigen Staaten Eritrea, Äthiopien und auch Dschibuti und Somalia, stand in pharaonischer Zeit nur sporadisch über das mehr oder weniger sagenhafte Punt mit Ägypten in Kontakt.[88] Erst ab der zweiten Hälfte des 1. Jahrtausends v.u.Z. sind intensivere Beziehungen nachweisbar. Äthiopien war Teil eines sich um den Indopazifik bildenden Netzes aus Handelswegen und über Südarabien und Ägypten mit dessen Ableger im Mittelmeerraum verbunden.[89] Zu den in diesem Netzwerk kursierenden kulturellen Gütern zählten neben dem Münzwesen auch religiöse Ideen, die Judentum, Christentum und Islam in der Region verbreiteten. Für das Christentum blieb die Beziehung zu Ägypten auch nach dem zeitweisen Ende der Anbindung des Mittelmeeraumes an den indopazifischen Austausch wichtig. Noch bis zum Jahr 1951 wurde der nominell höchste Posten des *Abuna* der äthiopischen orthodoxen Kirche mit einem aus Ägypten geholten koptischen Mönch besetzt. In den muslimisch geprägten Bereichen war die Bedeutung Ägyptens als Zentrum islamischer Gelehrsamkeit latent, aber wohl weniger prägend, als es die nahegelegenen Stätten des Higaz auf der arabischen Halbinsel waren.

Dass einen kulturellen Transfer zwischen Ägypten und Äthiopien gab, einen, der auch religiöse Ideen umfasste, stand zumindest für das Christentum in Äthiopien nie in Frage. Dass es eine solche Verbindung aber bereits in früheren Zeiten gegeben habe, pharaonisch oder noch davor, stellt aus äthiopischer Sicht keine besonders prestigeträchtige

[88] Zu Punt und wie es zu finden sei zuletzt: Francis Breyer, Punt. Die Suche nach dem ‚Gottesland'. Leiden, Boston: Brill, 2016.

[89] Heinrich Loth, Afrika – ein Zentrum der alten Welt, Berlin: Akademie-Verlag, 1990.

Option dar. Die moderne Geschichtserzählung Äthiopiens beruht daher einerseits auf dem reichen lokalen Legendenschatz und den Chroniken des äthiopischen Kaisertums, andererseits auf den Erkenntnissen neuerer historischer und archäologischer Forschung, die wieder vor allem unter dem Gesichtspunkt nationaler Eigenständigkeit interpretiert werden. Dass trifft einerseits für die national-äthiopische Meistererzählung zu, die sich oft genug als eine aus der Sicht der amharischen oder konkurrierend tiginischen Oberschicht erstellte Version der Belegkombination entpuppt,[90] aber auch für solche, die aus der Perspektive anderer Gruppen wie etwa der Oromo geschrieben sind.[91]

Für die Vielstimmigkeit möglicher Rezeptionsformen von Geschichte in Form einer aktuellen Erinnerung ist jedoch ein früher Entwurf der äthiopischen Geschichte von Interesse. Um 1920 stellt sich der am amharischen Kaiserhof wirkende Gelehrte und Diplomat Heruy Wäldä-Sellase der Aufgabe, eine Geschichte des äthiopischen Kaisertums zu schreiben, in der die Legenden und Chroniken Äthiopiens ebenso ihren Niederschlag finden, wie die neuesten westlichen Forschungen zur Geschichte Nordostafrikas.[92]

> Wäldä-Sellase kompiliert in seinem Werk der Tradition entsprechend eine Liste der äthiopischen Herrscher. Anders als in den vorliegenden Chroniken erweitert er aber diese Liste um Herrscher, für die es sonst keine Belege in äthiopischen Quellen gibt. Wie Manfred Kropp zeigen konnte, entstammen diese Namen einem seinerzeit in Addis Abeba vorhandenen Werk von Louis-J. Morié zur nubischen Geschichte.[93] Einige

90 Belai Giday, Ethiopien Civilization, Addis Ababa, 1992.

91 Mohammed Hassen, The Oromo of Ethiopia. A History 1570-1860, Trenton: The Red Sea Press, 1994.

92 Manfred Kropp, Die traditionellen äthiopischen Königslisten und ihre Quellen, in: Martin Fitzenreiter (Hrsg.), Genealogie. Realität und Fiktion von Identität, IBAES V (www.ibaes.de), Berlin/London 2005, 21–46; mit einem Nachtrag unter https://www.ibaes.de/ibaes5/kommentare/ibaes5-kropp-kommentar1.pdf.

93 Louis-J. Morié, Histoire de l'Éthiopie (Nubie et Abyssinie). Depuis les temps les plus réculés jusqu'à nos jours. Les civilisations africaines. Tome 1er: La Nubie (Éthiopie

der dort als „äthiopisch" – in der Terminologie der Zeit der übliche Begriff für die heute als „kuschitisch" – bezeichneten Könige wurden für die Frühzeit des äthiopischen Kaisertums übernommen.[94] Darunter befindet sich auch die Bezeichnung für die (regierende) Königsmutter im Reich den Meroe: Kandake. Mit der Inkorporation dieser Namen verfolgte Wäldä-Sellase eine multiple Strategie: Er konnte die äthiopische Geschichte in eine graue Vorzeit noch vor den in den Chroniken verzeichneten Herrscher verlängern und damit sowohl mit der biblischen Schöpfungsgeschichte sowie dem als Hochkultur im Kulturraum zwischen Afrika und Asien anerkannten *Aegypten* verbinden. Außerdem konnte er über den Begriff der Kandake eine weitere Linie der Verbindung Äthiopiens mit der biblischen Geschichte herstellen. Bereits im Zuge der Begründung der „salomonischen Dynastie" durch Yekuno Amlak im Jahre 1270 hatte man den Gründungsmythos des äthiopischen Kaiserhauses mit der biblischen Geschichte von der Königin von Saba verbunden, die mit der legendären Mutter des ersten Kaisers Menelik I. identifiziert wurde. War damit ein Bezug zum Alten Testament hergestellt, so wird über die Geschichte der Taufe des „Kämmerers der Kandake" durch Philippus als ersten Nichtjuden überhaupt (Apostelgeschichte 8, 27-39) die Verbindung auch mit dem Neuen Testament möglich. Dem lebendigen Erinnern Äthiopiens als ein christliches Kaisertum konnten so historische Fakten und eine biblische Erzählung unterlegt werden.

Ancienne), Paris: Challamel, 1904. In diesem Buch setzt der Autor die Begründung des Reiches von Kusch durch Ham, den Sohn Noahs, im Jahr 5802 v. Chr. an (op. cit. 13). Das Werk stellt selbst eine recht eigenwillige Erzählung der seinerzeit in der westlichen Geschichtsschreibung diskutierten Befunde dar und kombiniert eine biblische Sicht auf Schöpfung und frühe Menschheitsgeschichte mit Ergebnissen neuerer historischer, auch ägyptologischer Forschungen.

94 Michael Zach, Die Ras Tafari-Liste in sudanarchäologischer Sicht, in: Martin Fitzenreiter (Hrsg.), Genealogie. Realität und Fiktion von Identität, IBAES V (www.ibaes.de), Berlin/London 2005, 47-55.

Erst über die Befunde der Ägyptologie tritt also die pharaonische Geschichte in das historische Bewusstsein, wenigstens eines äthiopischen Gelehrten. Er zieht es in seine Erzählung einer neuzeitlich gedachten, den Nationalstaat legitimierenden Genealogie heran, der damit vor sich selbst, aber auch vor den auf ihre Geschichte so stolzen Kolonialmächten historische Tiefe und Größe beansprucht. Allerdings nicht als Idee eines anderen Afrika, sondern als Idee nationaler Legitimation. Und doch ist Heruy Wäldä-Sellase ein Vorläufer von Cheikh Anta Diop. Wie dieser bedient er sich der westlich geprägten Meistererzählung vom alten Ägypten und dreht sie um.[95] Und wie Diop erhebt er Anspruch auf das historische Renommee Altägyptens; wenn nicht für ganz Afrika, so doch für das äthiopische Herrscherhaus.

Heute sieht sich Äthiopien durchaus selbst in der Position, kultureller Archetyp und Modell afrikanischer Identität zu sein. Als der afrikanische Staat, der als einziger dem westlichen Kolonialismus widerstand, spielt das Land eine besondere Rolle im Kontext panafrikanischer Ideen, was sich u.a. daran zeigt, dass sich der Sitz der Organisation für Afrikanische Einheit (OAU) in Addis Abeba befindet.

5.2

Der heutige Staat Sudan ist geographisch gesehen Nachfolger einer Reihe von Kulturen und Staatswesen, die immer im Austausch und in Konkurrenz mit Ägypten standen. Entsprechend ambivalent ist das Verhältnis zu dem – zumindest was die Bevölkerungszahl und auch wirtschaftli-

[95] Dabei bediente er sich eines aus Sicht der westlichen Ägyptologie bereits seinerzeit etwas aus der Zeit gefallenen Werkes. Auch bei Cheikh Anta Diop wurde der Dialog mit der westlichen Ägyptologie durch dessen Rezeption von teilweise überholten Schriften kompliziert. Das Problem, dass sich auf obsolete Thesen bezogen wird, die als imaginiertes Epistem Zielscheibe der Angriffe bleiben, tritt im postkolonialen Diskurs häufiger auf, siehe: Thomas L. Gertzen, Some Remarks on the 'De-Colonization' of Egyptology, GM 261, 2020, 189-203.

che und kulturelle Strahlkraft angeht – „großen Bruder". Ägypten bildet eine wichtige Projektionsfläche der sudanesischen Identität; diese dient aber vor allem dazu, sich selbst als anders zu erfahren. Der Sudan ist als Nachbarstaat – ähnlich etwa wie Libyen und die Region Sinai und Palästina / Israel – mit Ägypten in einer ungebrochenen Kette des Austausches verbunden. Wie dieser Austausch kulturell verarbeitet wird, erfährt eine gewissermaßen archetypische Ausprägung schon in dem ambivalenten Bild, das im Alten Testament von Ägypten gezeichnet wird. Auch im Sudan bilden die Abfolge der pharaonischen „Fremdherrschaften" und der „nationalen" Behauptung – bis hin zur glorreichen Eroberung unter der 25. Dynastie – ein Reservoir an Erzählungen, die sich in jeweils aktuellen Erinnerungen wiederfinden.[96] Dennoch ist es bezeichnend, dass die etwa zeitgleich mit Diops Bemühungen um eine pharaonische Identität *Afrikas* und eine afrikanische Identität *Aegyptens* entstandenen Arbeit von Yusuf Fadl Hassan „The Arabs and the Sudan" einen anderen Weg der Erzählung geht.[97] Im Mittelpunkt dieser wohl wichtigsten historischen Studie seiner Generation, steht das Werden der sudanesischen Nation und der Erwerb einer *arabischen* Identität. Sowohl von *Aegypten* wie auch von *Afrika* wird so ein Abstand gewonnen, aus dem heraus das Eigene wie auch das Verbindende neu definiert werden kann.[98]

Als Land, aus dem mit dem Kerma-, dem napatanischen und dem meroitischen Reich die ersten jenseits von Ägypten liegenden größeren Staatswesen Afrikas bekannt sind, hat der Sudan inzwischen jedoch eine Sonderstellung zumindest in der afrozentristischen Projektion gewonnen: Hier gab es ganz sicher jene „schwarzen Pharaonen", auf die Cheikh Anta

96 Das Muster findet sich auch in den Erzählungen der (westlichen) Archäologie, die in einem ähnlichen Reflex zwischen Konzepten wie „ägyptischem Weltreich", „Kolonialismus" und „entanglement" jeweils wechselnd Schwerpunkte setzt.

97 Yusuf Fadl Hasan, The Arabs and the Sudan, Edinburgh: University Press, 1967.

98 So etwa in den Beiträgen, auch von Fadl Hasan selbst, im Band Khair El-Din Haseeb (Hg.), The Arabs and Africa, Routledge, 1985, in dem diese sowohl Distanz wie Involvierung betonende Positionierung bereits im Titel anklingt.

Diop hoffte.[99] Auch hier ist also die Erinnerung daran, selbst dem mächtigen Nachbar die Stirn geboten zu haben, der Kern der Erzählung, und damit der Anspruch, in gewissem Sinne selbst des glorreiche Epistem *Aegypten* zu vertreten. In dieser Variante eines afrikanischen Geschichtsbildes sind es die sudanesischen Reiche, die als eigentliche Träger der pharaonisch-afrikanischen Kultur erscheinen.

Interessanter Weise lässt sich diese Idee eines nubisch-afrikanischen Ursprungs der pharaonischen Kultur bis in die Antike zurückverfolgen. Die auch von Cheikh Anta Diop herangezogene Erzählung ist bei Diodor (3.2.1-7.3) überliefert, der sie selbst einer im 2. Jh. v.u.Z. entstandenen Kulturgeschichte des Agatharchides von Knidos entnimmt.[100] Dort ist sie Teil einer Menschheitsgeschichte, die sich den verschiedenen Stadien der Entwicklung von Lebensweise und Sitten der Völker widmet.[101]

> Die Erzählung beginnt mit der Feststellung, dass die Aithiopier – die dunkelhäutigen Menschen ganz allgemein – die ersten Menschen seien. Anschließend wird festgestellt: „Sie behaupten aber auch, dass die Ägypter selbst als Siedler ausgezogen seien (und) Osiris diese Siedler anführte." Dies wird damit begründet, dass Ägypten ursprünglich noch im Wasser lag und erst durch die Nilablagerungen zu seiner Landmasse gewachsen sei. Diesen Gedanken des „Kommens von Süden" weiterführend folgt: „Die meisten Gebräuche der Ägypter sind aithiopische, welche die Gebräuche der Siedler bei der Auswanderung bewahrt haben. So sind (der Brauch) die Könige Götter zu nennen und großen Wert auf die Begräbnisfeiern zu legen und vieles derartiges aithiopische Praxis und auch die Art und Weise ihrer (d. h. der

99 Robert G. Morkot, The Black Pharaos. Egypt's Nubian Rulers, London: Rubicon, 2000 und als ein Beispiel für die Breitenrezeption: National Geographic, The Black Pharaohs. Conquerors of Ancient Egypt, February 2008. Ganz aktuell: Francis Breyer, Schwarze Pharaonen: Nubiens Königreiche am Nil, München, 2021.

100 Tormod Eide, Tomas Hägg, Richard Holton Pierce u. László Török (Hg.), Fontes Historia Nubiorum II, Bergen: University of Bergen, 1996, 638-650.

101 Stanley M. Burstein, Agatharchides of Cnidus. On the Erythrean Sea, London: Hakluyt Society, 1989.

> Ägypter) Götterbilder und die Gestalt der Schriftzeichen gehen auf Aithiopisches zurück.“ Als ein Beispiel der engen Verbindung wird die Ähnlichkeit der Priestertracht genannt. Nach einem Exkurs zu den Schriftzeichen folgt aber auch die Beschreibung einiger Merkmale, die als Besonderheiten der Aithiopier erachtet werden, insbesondere die Königswahl und dass in älterer Zeit der König sich auf Anweisung der Priester zu töten hatten, bis der mit griechischer Bildung vertraute König Ergamenes mit dieser Tradition brach und seinerseits die Priester tötete.

Die Erzählung blieb bis in das 19. Jahrhundert auch in Europa eine vieldiskutierte Vision der pharaonischen Geschichte. Das Ende der bis dahin ganz natürlichen Zuordnung Ägyptens zum Kontinent Afrika und seiner Kultur (man denke nur an die vielen barocken Emblematisierungen Afrikas, in denen immer irgendwo eine Pyramide oder Sphinx erscheint) lässt sich ziemlich genau datieren: Es war erst der berühmte nächtliche Besuch von Richard Lepsius am 28. Januar 1844 bei den Pyramiden von Meroe, der die Gewissheit brachte, dass die Erbauer zumindest dieser Grabmäler nicht die Schöpfer der pharaonischen Kultur waren.[102] Eine Neuerzählung auf der Grundlage dieses Befundes hob für die westliche Erinnerung die seit der Antike geltende Vorstellung von *Aegypten* als einem aus Süden kommenden „Geschenk des Nils“ und damit Afrikas auf. Afrika wurden im Kanon der Ägyptologie an den Rand gerückt; die antike Erzählung vom afrikanischen *Aegypten* erstaunlich schnell und gründlich durch eine ersetzt, in der Ägypten dem *Orient* zugeschlagen wird.[103]

---

[102] Richard Lepsius, Briefe aus Aegypten, Aethiopien und der Halbinsel des Sinai: geschrieben in den Jahren 1842-1845 während der auf Befehl Sr. Majestät des Königs Friedrich Wilhelm IV von Preußen ausgeführten wissenschaftlichen Expedition, Berlin: Nicolai, 1852, 147.

[103] Martin Fitzenreiter, Abt. I Bl. 1 und „Historischer Saal“. Karl Richard Lepsius definiert die Ägyptologie und separiert die Sudanarchäologie, MittSAG - Der Antike Sudan 22, 2011, 43-56.

Was so für die Ägyptologie zur Gewissheit und Teil einer Meistererzählung wurde, erfuhr und erfährt jedoch durchaus Widerspruch.[104] Seit Bruce Williams 1980 in der nubischen A-Gruppe des 4./3. Jahrtausends v.u.Z. den eigentlichen Ursprung der für das Pharaonentum charakteristischen kulturellen Merkmale sah,[105] werden die in diesem Bereich greifbaren Befunde durchaus als Belege eines Südursprungs *Aegyptens* interpretiert. Tim Kendall hält es zudem für möglich, dass auch in pharaonischer Zeit das mittlere Niltal als mythischer Ursprung des Pharaonentums gesehen wurde, und zwar von ägyptischer Seite selbst.[106] In dem mehrfach belegten Mythem des „Kommens von Süden" spielen in der pharaonischen Kultur solche Erinnerungen auch an anderen Stellen eine

[104] Im Artikel *Egypt in Africa* von 1914 zählte der für sein auf der seinerzeit relevanten Rassentheorie beruhendes Kulturkonzept neuerdings scharf kritisierte W. M. Flinders Petrie 61 Merkmale auf, für die er in der völkerkundlichen Literatur Gemeinsamkeiten zwischen der pharaonischen Kultur und solchen afrikanischer Bevölkerungsgruppen gefunden hat, die seiner Ansicht nach zum allergrößten Teil auf gemeinsame Ursprünge zurückgehen und nicht auf allgemeine kulturelle Phänomene wie z. B. den weltweit verbreiteten Ahnenkult. Eine später erfolgte Beeinflussung afrikanischer Kulturen durch die pharaonische Kultur sieht Flinders Petrie eher skeptisch. Der Artikel schließt: „After having shown how much of general African ideas and culture lies at the foundation of Egyptian civilisation, and how in a few cases Egypt has influenced Africa, it is needful to say that this by no means covers the whole culture.", und nach einem Hinweis auf Einflüsse aus Vorderasien und dem Mittelmeerraum: „These other sources made Egypt what it became, although we can see the African substrata strongly, especially in the early periods." (170). Zum weiteren Ausbau der hier wahrscheinlich erstmals geäußerten Idee des Substratums siehe zu Henri Frankfort und Josep Cervelló Autuori im Text von Heinrich Balz.

[105] Zur damit ausgelösten Debatte: Bruce B. Williams, The Lost Pharaohs of Nubia, Archaeology 33, 1980, 12-21; William Y. Adams, Doubts about the ‚'Lost Pharaohs", JNES 44.3, 1985, 185-192; Bruce B. Williams, The Forebears of Menes in Nubia: Myth or Reality?, JNES 46, 1987, 15-26. Siehe zuletzt das Thema aufgreifend: Ludwig D. Morenz, MachtKunst fernab des eigentlichen Staatsgebietes. Zur monumentalen Inszenierung von ägyptischer Herrschaft am Zweiten Nilkatarakt im frühen Dritten Jahrtausend v. Chr., in: Jan Bemmann, Dittmar Dahlmann, Detlev Taranczewski (Hg.), Core, Periphery, Frontier – Spatial Patterns of Power von, Göttingen: Vandenhoek & Ruprecht, 2021, 373-402.

[106] Video of an e-lecture organized by the American Sudanese Archaeological Research Center (AmSARC): „Jebel Barkal and the Mythological Nubian Origin of Egyptian Kingship," by Dr. Timothy Kendall [52 mins.] (August 12, 2021) <https://www.facebook.com/AmSARC/videos/259905072376790>.

Rolle.[107] Selbst in der Erzählung des Agatharchides bleibt unbestimmt, ob es sich um eine nur im Reich von Meroe kultivierte Erzählung handelt, um dessen Prestige aufzuwerten, oder ob sie auch in Ägypten (und dem als *Aithiopien* konzeptualisierten Afrika allgemein) verbreitet war. Ganz unabhängig davon bleibt es durchaus verblüffend zu sehen, dass sich in der Erzählung des Agatharchides etliche Elemente wiederfinden, die auch Diop und seine Nachfolger als ein gemeinsames afrikanisches Erbe konzeptualisieren: Religion, hier über die besondere Rolle der Fetisch-Standbilder beschrieben; Institutionen wie das sakrale Königtum; und kulturelle Errungenschaften wie die im Vergleich mit der griechischen eigenartigen, auf anderen Prinzipien beruhenden Schriftzeichen.

5.3

Dass für Ägypten die pharaonische Kultur einen zentralen Bezugspunkt darstellt, liegt auf der Hand, doch ist auch hier die Erinnerung durchaus ambivalent. Das moderne Ägypten versteht sich als Symbiose vieler kultureller Einflüsse; auch die der Ptolemäer, der byzantinischen Zeit und in besonderer Weise der langen und tief gründenden Einbindung in die arabisch-islamischen Matrix aus Religion, Sprache, Traditionen und Lebensweise. In dieser arabisch-islamisch geprägten Erzählung sieht sich Ägypten nicht nur eingebunden, sondern als ein dominanten Faktor. Der Sitz der Arabischen Liga in Kairo unterstreicht die Bedeutung, die

[107] Prägnant tritt dieses Mythem im „Mythos vom Sonnenauge" in Erscheinung, einem zentralen Element der politischen Propaganda der aus Kusch stammenden Pharaonen der 25. Dynastie (Angelika Lohwasser, Herrschaft und Heil – Macht und Mythos. Die politische und religiöse Legitimation der nubischen Pharaonen Pi(anch)y und Taharqo, in: Meike Becker, Anke Ilona Blöbaum u. Angelika Lohwasser, Inszenierung von Herrschaft und Macht im ägyptischen Tempel, ÄAT 95, Münster: Zaphon, 2020, 99-195, bes. 135-144). Anklänge finden sich auch in der funerären Kultur (Martin Fitzenreiter, Richtungsbezüge in ägyptischen Sakralanlagen – oder: Warum im ägyptischen Tempel das Sanktuar hinten links in der Ecke liegt (Teil I), SAK 31, 2003, 107-151). Dass hier auch der „aus Süden" kommende Nil zu den in den Erzählungen verarbeiteten Fakten gehört, sollte jedoch bedacht werden.

Ägypten für die arabisch geprägte Welt hat bzw. beansprucht. Ähnlich sieht sich der koptische Bevölkerungsteil einerseits als legitimer Erben des Pharaonischen, aber eben auch Teil der orientalischen Kirchen, deren spätantike Prägung als kulturelles Erbe gepflegt wird. Die Orientalisierung der Meistererzählung von *Aegypten* im 19. Jahrhundert speist sich also durchaus auch aus dem lebendigen Erinnern im Land.

Auch die moderne ägyptische Nation fand sich im 19. und frühen 20. Jahrhundert erst parallel und in Konkurrenz zum eminenten westlichen Interesses an seiner Vergangenheit auch im Epistem *Aegypten* wieder und so vielleicht auch zu sich selbst – wie es in der berühmten Statue der sich erhebenden Sphinx neben der sich selbst entschleiernden Frau (*Nahdet Masr* / „Wiedergeburt Ägyptens“) von Mahmoud Mokhtar ausgedrückt ist.[108] Dieser in den Terminus „Pharaonismus“ gefassten Erinnerung stehen aber weitere und durchaus dominante Erinnerungskulturen gegenüber, so die des panarabischen Nationalismus und des Islamismus.[109] In kaum einer Region dürfte daher das Erzählen und Erinnern des pharaonischen Ägypten so polyphon ausfallen, wie in Ägypten selbst.

Die für ägyptische Intellektuelle des 20. Jahrhunderts repräsentativen Haltung zum pharaonischen Ägypten schlägt sich etwa in historischen

---

108 Amr El Hawary, Stille Gedichte. Der Bildhauer Mokhtar und die spektrale Erinnerung in seinem Werk „Ägyptens Erwachen“, in: Ludwig D. Morenz u. Amr El Hawary (Hg.), Weitergabe. Festschrift für Ursula Rössler-Köhler zum 65. Geburtstag, GOF IV. 53, Wiesbaden: Harrassowitz, 2015, 153-166; Donald Malcolm Reid, Contesting Antiquity in Egypt: Archaeologies, Museums, and the Struggle for Identities from World War I to Nasser, 2015; Elliott Colla, Conflicted Antiquities. Egyptologie, Egyptomania, Egyptian Modernity, Durham/London, 2007.

109 Zur nicht unproblematischen Sicht islamisch-arabisch orientierter Kreise Ägyptens auf das Pharaonische und dem Umstand, dass die Bezeichnung „pharaonisch“ (فرعوني) im älteren Gebrauch durchaus abwertende Konnotationen hatte: Heinz Grotzfeld, Das Unbehagen an der Vergangenheit. Zur Rezeption des pharaonischen Altertums durch das islamische Ägypten, in: Anke Ilona Blöbaum, Jochem Kahl u. Simon D. Schweitzer (Hg.), Ägypten – Münster. Kulturwissenschaftliche Studien zu Ägypten, dem Vorderen Orient und verwandten Gebieten. donum natalicium viro doctissimo Erharto Graefe sexagenario ab amicis collegis discipulis ex aedibus Schlaunstraße 2 / Rosenstraße 9 oplatum, Wiesbaden 2003, 129-136.

Romanen von Nagib Mahfuz nieder, die auf kreative Weise Ergebnisse der historischen Forschung und literarische Fiktion verbinden.[110] Das umfängliche Werk verbietet die Reduzierung auf Schlagwörter, aber wenn, dann steht hier, wie in anderen Beispielen des Pharaonismus in Literatur, bildender Kunst und Film auch, das Pharaonische als Projektionsfläche des Nationalen, nicht des Afrikanischen.

Aus ägyptologischer Sicht wurde die Aneignung pharaonischer Motive in Ägypten besonders von der Fayza Haikal untersucht, sowohl im Kontext einer allgemein kulturellen Selbstverständnisses, als auch besonders in dem aktueller politischer Auseinandersetzungen.[111] Auch hier sind es häufig Befunde der Archäologie, die aus der wissenschaftlichen Erschließung heraus in das Erzählen einfließen und so in einem sekundären Prozess das konstituieren, was als ägyptische Identität erinnert und aktiv proklamiert wird.

Anders ist die Situation jenseits der intellektuellen Milieus, also dort, wo die kulturelle Kontinuität in ägyptischen Lebenswelten tatsächlich tief im pharaonischen Erbe wurzelt.[112] Hier sind ganz natürlich die kulturellen Eigenheiten pharaonischer Zeit in vielen sogenannten *sur-*

---

110 Zu Machfuz' Werk aus ägyptologischer Sicht: Zeinab Sayed, Das Alte Ägypten aus der Sicht moderner einheimischer Schriftsteller am Beispiel von Nagib Machfus' Roman „al-^{c}aish fi el-Haqiqa" „Echnaton: Der in der Wahrheit lebt", in: Fayza Haikal, Mélanges offertes à Ola el-Aguizy, BdE 164, Kairo: IFAO, 2015, 349-360; Ulrike Fritz, „Echnaton. Der in der Wahrheit lebt" - Der Schriftsteller Nagib Machfus und seine Interpretation der Amarnazeit, in: „Von reichlich ägyptischem Verstande" (FS Waltraud Guglielmi), Philippika 11, Wiesbaden : Harrassowitz, 2006, 29-42; Anthony Alcock, A note on the historical works of Naguib Mahfouz. Discussions in Egyptology (Oxford) 33, 1995, 7-9 und viele weitere Studien.

111 Fayza Haikal, Egypts Past Regenerated by Its Own People, in: Michael Rice u. Sally MacDonald (Hg.), Consuming Ancient Egypt. Encounters with Ancient Egypt, London: UCL Press, 2003, 123-138; Fayza Haikal, Tradition and Religion: Transmission of Culture Versus Similarity of Beliefs, in: Hana Vymazalová et al. (Hg), Ancient Echos in the Culture of Modern Egypt, Prag: Karlsuniversität, 2011, 9-27; Fayza Haikal, Reflections on Turning Points. Egypt between January 25, 2011 and June 30, 2012, Berlin: Kadmos, 2014.

112 Georg Stauth, Ägyptische heilige Orte II. Zwischen den Steinen des Pharao und islamischer Moderne. Konstruktion, Inszenierungen und Landschaften der Heiligen im Nildelta, Bielefeld: transcript, 2008.

vivals Lebensformen der Gegenwart und hier sieht sich der intellektuelle Diskurs einer Tiefe des modernen ägyptischen Nationalstaates und seiner kulturellen Präsenz auch bestätigt. Eine afrikanische Identität wird darin aber nicht gesehen.[113]

6.

Die hier gestreiften, einerseits so verschiedenen, andererseits jeweils auf den Ursprung zielenden Erzählungen der äthiopischen, sudanesischen und ägyptischen kulturellen Erinnerung werfen möglicherweise eine mildes Licht auf die aktuelle Auseinandersetzung. Jede Erinnerung erhebt gern den Anspruch, Hort und Ursprung zu sein: der afrikanischen Unabhängigkeit in Äthiopien, des eigentlichen „schwarzen" Pharaonentums in Nubien, oder gar der afrikanisch-orientalischen Zivilisation insgesamt, wie es das ägyptische Selbstverständnis als *Umm ad-Dunya* – „Mutter der Welt" – ausdrückt. Doch bleibt afrikanische Geschichte in ihren Vorfällen und Befunden lokal, wie es jede Geschichte ist. Aber diese Vorfälle und Befunde lassen sich zu Erzählungen verbinden, die auf großräumige kulturelle Verflechtungen Bezug nehmen, diese erklären und motivieren, und so als Episteme der Erinnerung auch verwirklichen.[114] Damit behal-

113 Instruktiv in diesem Zusammenhang sind die Positionen, die Monica Hanna, eine Schülerin Haikals, vertritt, die sich um die Schaffung eines nationalen Bewusstseins der Verantwortung für die Monumente der ägyptischen Vergangenheit bemüht: Richard Bußmann, Monica Hanna, Restitution of Knowledge: Beyond Nefertiti, Museums in Motion Workshop Series #5, 23.01.2021, <https://boasblogs.org/dcntr/restitution-of-knowledge/>. Obgleich sich hierbei die Positionen ägyptischer und anderer afrikanischer Aktivisten überschneiden, hat das Thema eines gemeinsamen afrikanischen kulturellen Erbes aus ägyptischer Sicht dabei weniger Relevanz, was Hanna mit der latenten Präferenz zum „whitwashing" in Ägypten selbst verbindet (min. 14:30ff).

114 Siehe hierzu den großangelegten Entwurf Christopher Ehret, The Civilizations of Africa. A History to 1800, 2nd Ed., Charlottesville / London:University of Virginia Press, der bes. 99-103 vier große kulturelle Gruppen (*niger-congo, sudanic, afrasian, khoesan*) Afrikas entwirft, die sich auf vor allem sprachwissenschaftliche Untersuchungen stützen, aber auch diverse weitere Merkmale wie soziale Institutionen, Reli-

ten die lokalen Erzählungen ihr Recht, aber auch die Meistererzählungen größerer Verflechtungen.

Diese Vielzahl der möglichen Erzählungen bietet Boden für polyphones Erinnern und damit Gegenwarten. Cheikh Anta Diop galt als Anathema der Ägyptologie und nimmt inzwischen eine wichtige Position in der Auseinandersetzung mit deren Sinn und Ziel ein. Mit Ki-Zerbo und Fadl Hasan gab es zeitgleich afrikanische Historiker, die aus denselben Befunden andere Erzählungen schufen. Wäldä-Sellase und die Gewährsleute des Agatharchides kannten Erzählungen, die wieder andere Erinnerungen bedienten. Diese historische Polyphonie möglicher Erzählungen zu kennen, ist für die Gegenwart wichtig.

Mitunter sind die so geschaffenen Erzählungen gar nicht so inkompatibel, wie es scheint. Wie Heinrich Balz darstellt, konnte Maulana Karenga die Erzählung Jan Assmanns von der pharaonischen Maat auffallend geschmeidig in das Konzept einer afrozentristischen Philosophie integrieren. Dergleichen lässt Hoffnung schöpfen. Auch als *westlicher* Ägyptologe pflege ich meine Erzählung und meine orientalistische Aneignung, die in eine Erinnerung *Aegyptens* als einem Teil meines Selbst mündet.[115] Austausch ist möglich, wenn man es wagt, sich auch auf der Ebene der divergierenden Erinnerungen zu begegnen. Allein die Macht der Fakten zu beschwören bleibt töricht, da es die Erzählungen sind, die Bedeutung erzeugen. Jede Erzählung verwirklicht, was sie erzählt, und ist damit unmittelbar „wahr“ im Gedächtnis. Der zu Erinnerung geformte Anspruch beruht ja nicht auf Behauptungen, sondern speist sich aus Befunden, die als Fakten die Erzählung konstituieren. Diese Fakten bilden aber nur eine Teil der Wahrheit der Erzählung; den anderen bilden

gion, Waffen und Werkzeuge, Hausformen, bis zu Musik und Tanz umfassen. Hier kann die Idee des Substratums produktiv anknüpfen. Ich danke Heinrich Balz für diese Quelle.

115 Martin Fitzenreiter, Was interessiert den Ägyptologen / die Ägyptologie an Schwarzafrika? Drei Antworten und eine Reflexion auf die Frage von Heinrich Balz, in: Jürgen Thiesbonenkamp u. Andreas Selignow (Hg.), Interdisziplinäre Afrikaforschung und neuer Afropessimismus. Symposium zum 70. Geburtstag von Heinrich Balz, Berlin: Selignow Verlag, 2009, 19-42.

jene Aussagen, die zum Austausch anregen. Unwahr ist nur, was nicht falsifiziert werden kann, weil es nicht falsifiziert werden darf. Versteht man Erzählen als Erklärung des Erinnerten, und lässt man sich auf die Erinnerungen der Anderen ein, kann es Verständigung geben. So kann sich ein Gesprächsraum konstituieren, in dem die *afrikanischen* Erzählungen und Erinnerungen eine Stimme haben, die *westlichen* aber auch, und viele andere mehr. Ob man sich aber zum Partisanen der einen oder der anderen Erzählung macht, steht auf einem anderen Blatt.

LITERATUR

Adams, W. Y., Doubts about the ‚'Lost Pharaohs", JNES 44.3, 1985, 185-192

Alcock, A., A note on the historical works of Naguib Mahfouz, Discussions in Egyptology (Oxford) 33, 1995, 7-9

Assmann, J., Ma'at: Gerechtigkeit und Unsterblichkeit im Alten Ägypten, München 1990, 3. Aufl. 2020

Assmann, J., Sentimental Journey zu den Wurzeln Europas. Zu Martin Bernals „Black Athena", in: Merkur, September 1992, 46. Jahrgang, Heft 522/523, 921-931

Assmann, J., Ägypten. Eine Sinngeschichte, München 1996

Assmann, J., Moses der Ägypter. Entzifferung einer Gedächtnisspur, München 1998

Assmann, J., In den Krypten der sekundären Religion. Zu einer künstlerischen Allegorie, in: D. Becker (Hg.), Mit dem Fremden leben. Perspektiven einer Theologie der Konvivenz. Theo Sundermeier zum 65. Geburtststag, Bd 2, Erlangen 2000, 87-98

Assmann, J., Die Mosaische Unterscheidung oder der Preis des Monotheismus, München 2003

Assmann, J., Foreword, in: M. Karenga, Maat: The Moral Ideal in Ancient Egypt, 2004, XVII-XXII

Assmann, J., Achsenzeit. Eine Archäologie der Moderne, München 2018

Assmann, J., Nachwort, in: S. Freud, Der Mann Moses und die monotheistische Religion, Ditzingen 2019, 176-216

Balz, H., Where the Faith has to live. Studies in Bakossi Society and Religion, II, Berlin 1995

Balz, H., Ngoe – Osiris – Aeneas. Drei Untersuchungen zu Gründern und Ahnen, Berlin 2014

Bauer, Th., Die Vereindeutigung der Welt. Über den Verlust an Mehrdeutigkeit und Vielfalt, Ditzingen 2018

Bauer, Th., Warum es kein islamisches Mittelalter gab. Das Erbe der Antike und der Orient, München 2018

Bernal, M., Black Athena: The Afroasiatic Roots of Classical Civilization, Vol I, London (1987) 1991

Bilolo, M., Les cosmo-théologies philosophiques de l'Egypte antique, Kinshasa / Libreville / München 1986

Breyer, F., Punt. Die Suche nach dem ‚Gottesland', Leiden / Boston 2016

Breyer, F., Schwarze Pharaonen: Nubiens Königreiche am Nil, München 2021

Burstein, S. M., Agatharchides of Cnidus. On the Erythrean Sea, London 1989

Bußmann, R. u. M. Hanna, Restitution of Knowledge: Beyond Nefertiti, Museums in Motion Workshop Series #5, 23.01.2021, <https://boasblogs.org/dcntr/restitution-of-knowledge/>

Cervelló Autuori, J., Egipto y África. Origen de la civilización y la monarquía faraónicas en su contexto africano, Barcelona 1996

Chrétien, J.-P., Les Bantu: des Indo-Europénes noirs?, in: F. X. Fauvelle-Aymar et al. (Hg.), Afrocentrismes. L'histoire des Africains entre Égypte et Amérique, Paris 2000, 3. Aufl. 2010, 275-298

Colla, E., Conflicted Antiquities. Egyptologie, Egyptomania, Egyptian Modernity, Durham / London 2007

Conrad, S., Erinnerungen im globalen Zeitalter. Warum die Vergangenheitsdebatte gerade explodiert, Merkur 867, August 2021, 75. Jahrgang, 5-17

Diop, C. A., Nations nègres et culture, Paris 1955, 3. Aufl. 1979, 2 vols.

Diop, C. A., L'unité culturelle de l'Afrique noire, Paris 1959

Diop, C. A., Civilisation ou barbarie. Anthropologie sans complaisance, Paris 1981

Eckert, A., Zum Problem der kulturellen Einheit im Werk Cheikh Anta Diops, in: L. Harding u. B. Reinwald, Afrika – Mutter und Modell der europäischen Zivilisation? Die Rehabilitierung des Schwarzen Kontinents durch Cheikh Anta Diop, Berlin 1990, 163-166

Ehret, Ch., An African Classical Age. Eastern and Southern Africa in World History, 1000 B.C. to A.d. 400, Charlottesville / Oxford 1998

Ehret, Ch., The Civilizations of Africa. A History to 1800, Charlottesville 2002, 2. Aufl., Charlottesville / London 2016

Eide, T., T. Hägg, R. H. Pierce u. L. Török (Hg.), Fontes Historia Nubiorum II, Bergen 1996

El Daly, O., Egyptology: The Missing Millennium. Ancient Egypt in Medieval Arabic Writings, London: UCL Press, 2005

El Hawary, A., Stille Gedichte. Der Bildhauer Mokhtar und die spektrale Erinnerung in seinem Werk „Ägyptens Erwachen“, in: L. D. Morenz u. A. El Hawary (Hg.), Weitergabe. Festschrift für Ursula Rössler-Köhler zum 65. Geburtstag, GOF IV. 53, Wiesbaden 2015, 153-166

Ela, J.-M., Cheikh Anta Diop ou l‘honneur de penser, Paris 1989, Neudruck 2016

Eliade, M., Histoire des croyances et des idées religieuses, Paris 1976

Fadl Hasan, Y. The Arabs and the Sudan, Edinburgh 1967

Fauvelle-Aymar, F. X. et al. (Hg.), Afrocentrismes. L‘histoire des Africains entre Égypte et Amérique, Paris 2000, 3. Aufl. 2010

Fauvelle-Aymar, F. X., Cheikh Anta Diop, ou l‘africaniste malgré lui, in: F. X. Fauvelle-Aymar et al. (Hg.), Afrocentrismes. L‘histoire des Africains entre Égypte et Amérique, Paris 2000, 3. Aufl. 2010, 27-46

Fitzenreiter, M., Richtungsbezüge in ägyptischen Sakralanlagen – oder: Warum im ägyptischen Tempel das Sanktuar hinten links in der Ecke liegt (Teil I), SAK 31, 2003, 107-151

Fitzenreiter, M., Was interessiert den Ägyptologen / die Ägyptologie an Schwarzafrika? Drei Antworten und eine Reflexion auf die Frage von Heinrich Balz, in: J. Thiesbonenkamp u. A. Selignow (Hg.), Interdisziplinäre Afrikaforschung und neuer Afropessimismus. Symposium zum 70. Geburtstag von Heinrich Balz, Berlin 2009, 19-42

Fitzenreiter, M., Abt. I Bl. 1 und „Historischer Saal“. Karl Richard Lepsius definiert die Ägyptologie und separiert die Sudanarchäologie, MittSAG - Der Antike Sudan 22, 2011, 43-56

Flinders Petrie, W. M., Egypt in Africa, Ancient Egypt 1, 1914, 115-127, 159-170

Frankfort, H., Kingship and the Gods. A Study of Ancient Near Eastern Religion as the Integration of Society and Nature, Chicago and London 1948, Nachdruck Chicago 1978, with a New Preface by Samuel Noah Kramer

Fritz, U., „Echnaton. Der in der Wahrheit lebt“ - Der Schriftsteller Nagib Machfus und seine Interpretation der Amarnazeit, in: „Von reichlich ägyptischem Verstande“ (FS Waltraud Guglielmi), Philippika 11, Wiesbaden 2006, 29-42

Gertzen, Th. L., Some Remarks on the ‘De-Colonization’ of Egyptology, GM 261, 2020, 189-203

Giday, B., Ethiopien Civilization, Addis Ababa 1992

Greenberg, J. H., African linguistic classification and the language map of Africa, in: UNESCO General History of Africa, Abridged Edition, I, Berkeley 1990, 113-130

Grotzfeld, H., Das Unbehagen an der Vergangenheit. Zur Rezeption des pharaonischen Altertums durch das islamische Ägypten, in: Anke Ilona Blöbaum, Jochem Kahl u. Simon D. Schweitzer (Hg.), Ägypten – Münster. Kulturwissenschaftliche Studien zu Ägypten, dem Vorderen Orient und verwandten Gebieten. donum natalicium viro doctissimo Erharto Graefe sexagenario ab amicis collegis discipulis ex aedibus Schlaunstraße 2 / Rosenstraße 9 oplatum, Wiesbaden: Harrassowitz, 2003, 129-136

Haikal, F., Egypts Past Regenerated by Its Own People, in: M. Rice u. S. MacDonald (Hg.), Consuming Ancient Egypt. Encounters with Ancient Egypt, London 2003, 123-138

Haikal, F., Tradition and Religion: Transmission of Culture Versus Similarity of Beliefs, in: H. Vymazalová et al. (Hg), Ancient Echos in the Culture of Modern Egypt, Prag 2011, 9-27

Haikal, F., Reflections on Turning Points. Egypt between January 25, 2011 and June 30, 2012, Berlin 2014

Harding, L. u. B. Reinwald, Afrika – Mutter und Modell der europäischen Zivilisation? Die Rehabilitierung des Schwarzen Kontinents durch Cheikh Anta Diop, Berlin 1990

Harding, L., Die Bedeutung Cheikh Anta Diops, in: L. Harding u. B. Reinwald, Afrika – Mutter und Modell der europäischen Zivilisation? Die Rehabilitierung des Schwarzen Kontinents durch Cheikh Anta Diop, Berlin 1990, 7-21

Haseeb, Kh. (Hg.), The Arabs and Africa, London 1985

Hassen, M., The Oromo of Ethiopia. A History 1570-1860, Trenton 1994

Hornung, E., Das esoterische Aegypten. Das geheime Wissen der Ägypter und sein Einfluß auf das Abendland, München 1999

Karenga, M., Maat: The Moral Ideal in Ancient Egypt, 2004

Kendall, T., Video of an e-lecture organized by the American Sudanese Archaeological Research Center (AmSARC): „Jebel Barkal and the Mythological Nubian Origin of Egyptian Kingship," by Dr. Timothy Kendall [52 mins.] (August 12, 2021) <https://www.facebook.com/AmSARC/videos/259905072376790>

Ki-Zerbo, J., Die Geschichte Schwarz-Afrikas, Wuppertal 1979 / TB Frankfurt 1992

Kropp, M., Die traditionellen äthiopischen Königslisten und ihre Quellen, in: M. Fitzenreiter (Hg.), Genealogie. Realität und Fiktion von Identität, IBAES V (www.ibaes.de), Berlin / London 2005, 21–46

Kuhn, Th. S., The structure of scientific revolutions, 2. Aufl., Chicago / London 1970

Lepsius, R., Briefe aus Aegypten, Aethiopien und der Halbinsel des Sinai: geschrieben in den Jahren 1842-1845 während der auf Befehl Sr. Majestät des Königs Friedrich Wilhelm IV von Preußen ausgeführten wissenschaftlichen Expedition, Berlin 1852

Lohwasser, A., Herrschaft und Heil – Macht und Mythos. Die politische und religiöse Legitimation der nubischen Pharaonen Pi(anch)y und Taharqo, in: M. Becker, A. I. Blöbaum u. A. Lohwasser, Inszenierung von Herrschaft und Macht im ägyptischen Tempel, ÄAT 95, Münster 2020, 99-195

Loth, H., Afrika – ein Zentrum der alten Welt, Berlin 1990

Mabika Nkata, J., La mystification fondamentale: Merut ne Maât. Aux sources négroides de la philosophie, Lubumbashi 2001

Mabika Nkata, J., Whitehead et la cosmologie africaine, Lubumbashi 2009

Macdonald, K. C., Cheikh Anta Diop and Ancient Egypt in Africa, in: D. O'Connor u. A. Reid (Hg.), Ancient Egypt in Africa. Encounters with Ancient Egypt, London 2003, 93-105

Macquarrie, J., In Search of Deity, London 1984

Macquarrie, J., s.v. „Panentheismus", in: Theologische Realenzyklopädie (TRE) Bd. XXV, Berlin / New York 1995, 611-615

Mokhtar, G. (Hg.), UNESCO General History of Africa, Abridged Edition, II. Ancient Civilizations of Africa, Berkeley 1990

Morenz, L. D., MachtKunst fernab des eigentlichen Staatsgebietes. Zur monumentalen Inszenierung von ägyptischer Herrschaft am Zweiten Nilkatarakt im frühen Dritten Jahrtausend v. Chr., in: J. Bemmann, D. Dahlmann u. D. Taranczewski (Hg.), Core, Periphery, Frontier – Spatial Patterns of Power von, Göttingen: Vandenhoek & Ruprecht, 2021, 373-402

Morié, L.-J., Histoire de l'Éthiopie (Nubie et Abyssinie). Depuis les temps les plus réculés jusqu'à nos jours. Les civilisations africaines. Tome 1er: La Nubie (Éthiopie Ancienne), Paris 1904

Morkot, R. G., The Black Pharaos. Egypt's Nubian Rulers, London 2000

Motsch, G., Linguistischer Vergleich einer westafrikanischen Sprache mit dem Altägyptischen, in: L. Harding u. B. Reinwald, Afrika – Mutter und Modell der europäischen Zivilisation? Die Rehabilitierung des Schwarzen Kontinents durch Cheikh Anta Diop, Berlin 1990, 237-249

O'Connor, D. u. A. Reid (Hg.), Ancient Egypt in Africa. Encounters with Ancient Egypt, London 2003

O'Connor, D. and A. Reid, Locating Ancient Egypt in Africa: Modern Theories, Past Realities, in: D. O'Connor u. A. Reid (Hg.), Ancient Egypt in Africa. Encounters with Ancient Egypt, London 2003, 1-26

Obenga, Th., La philosophie africaine de la période pharaonique, 2780-330 avant notre ère, Paris 1990

Okoth-Owiro, A., The Nile Treaty. State Succession and International Treaty Commitments: A Case Study of The Nile Water Treaties, Nairobi 2004

Parzinger, H., Die Kinder des Prometheus. Eine Geschichte der Menschheit vor der Erfindung der Schrift, München 2015

Reid, D. M., Contesting Antiquity in Egypt: Archaeologies, Museums, and the Struggle for Identities from World War I to Nasser, Kairo 2015

Reinwald, B., Ägypten – die erste schwarzafrikanische Hochkultur, in: L. Harding u. B. Reinwald, Afrika – Mutter und Modell der europäischen Zivilisation? Die Rehabilitierung des Schwarzen Kontinents durch Cheikh Anta Diop, Berlin 1990, 37-43

Rohrbacher, P., Die Geschichte des Hamiten-Mythos, Diss. Wien, Beiträge zur Afrikanistik 74, 2002

Roßler, G., Kleine Galerie neuer Dingbegriffe:~Hybriden, Quasi-Objekte, Grenzobjekte, epistemische Dinge, in: G. Kneer, M. Schroer und E. Schüttpelz (Hg.), Bruno Latours Kollektive, Berlin 2008, 76-107

Savoy, B., Koloniale Raubkunst - Prof. Dr. Bénédicte Savoy im Interview, ZDF Magazin Royale, 11.12.2020, <https://www.youtube.com/watch?v=nE89z19uha4>

Savoy, B., Afrikas Kampf um seine Kunst. Geschichte einer postkolonialen Niederlage, München 2021

Savoy, B., M. Lagatz u. Ph. Sissis (Hg.), Beute. Ein Bildatlas zu Kunstraub und Kulturerbe. Berlin: Matthes & Seitz, 2021

Sayed, Z., Das Alte Ägypten aus der Sicht moderner einheimischer Schriftsteller am Beispiel von Nagib Machfus' Roman „al-^{c}aish fi el-Haqiqa" „Echnaton: Der in der Wahrheit lebt", in: F. Haikal (Hg.), Mélanges offertes à Ola el-Aguizy, BdE 164, Kairo 2015, 349-360

Schneider, J., Tiefe Brunnen und kein Ende: Notizen zur Rezeption und Wandlung der Gedächtnistheorie, Aegyptiaca. Journal of the History of Reception of Ancient Egypt Nr. 5, 2020, 610-638

Siehr, K. G., The Beautiful One Has Come – to Return, in: J. H. Merryman (Hg.), Imperialism, Art and Restitution, Cambridge 2006, 114-134

de Sousa Santos, B., Epistemologies of the South: Justice Against Epistemicide, London / New York 2014

Stauth, G., Ägyptische heilige Orte II. Zwischen den Steinen des Pharao und islamischer Moderne. Konstruktion, Inszenierungen und Landschaften der Heiligen im Nildelta, Bielefeld 2008

Sundermann, Th., s.v. „Religion, Religionen", in: K. Müller u. Th Sundermeier (Hg.), Lexikon missionstheologischer Grundbegriffe, Berlin 1987, 411-422

Török, L., Between Two Worlds. The Frontier Region between Ancient Nubia and Egypt 3700 BC – AD 500, Leiden / Boston 2009

Urice, St. K., The Beautiful One Has Come – to Stay, in: J. H. Merryman (Hg.), Imperialism, Art and Restitution, Cambridge 2006, 135-166

Vansina, J., Oral Tradition as History, Madison, 1985

Vansina, J., Living with Africa, Madison 1994

Vansina, J., Paths in the Rainforests. Toward a History of Political Tradition in Equatorial Africa, London 1990

Vansina, J., UNESCO and African Historiography, History in Africa 20, 1993, 337-352

Williams, B. B., The Forebears of Menes in Nubia: Myth or Reality?, JNES 46, 1987, 15-26

Williams, B. B., The Lost Pharaohs of Nubia, Archaeology 33, 1980, 12-21

Zach, M., Die Ras Tafari-Liste in sudanarchäologischer Sicht, in: M. Fitzenreiter (Hg.), Genealogie. Realität und Fiktion von Identität, IBAES V (www.ibaes.de), Berlin / London 2005, 47-55

AUTOREN

Heinrich Balz wurde am 11. September 1938 in Berlin geboren und studierte 1957-1971 in Freiburg i. Br., Basel, Tübingen und Paris. 1967 Promotion in Romanistik, 1973 Promotion in evangelischer Theologie. 1973-1983, ausgesandt von der Basler Mission, Dozent am Theological College der Presbyterian Church in Cameroon. 1983-1985 Gemeindepfarrer in Heilbronn-Böckingen. 1984 in Heidelberg Habilitation für Religionsgeschichte und Missionswissenschaft, 1985 Professor für Religions- und Missionswissenschaft an der Kirchlichen Hochschule Berlin, ab 1991 an der Humboldt--Universität Berlin. 1998-2003 Professor für Systematische Theologie am Makumira University College der Ev.-Luth Kirche in Tanzania. 2005-2011 mehrere Gastdozenturen bei der Lutherischen und der Kimbanguisten-Kirche in der D.R. Kongo.

Martin Fitzenreiter wurde am 30. September 1962 in Bautzen geboren. Nach dem Abitur, Wehrdienst und Arbeit in einer Kunstgießerei 1988-1999 Studium der Ägyptologie, Sudanarchäologie und Islamkunde an der Humboldt-Universität zu Berlin; 1999 Promotion. 1999-2009 Arbeit als Kunstformer / Ziseleur in Berlin-Weißensee; 2010/11 selbstständig als wissenschaftlicher Autor und Lehrbeauftragter tätig; 2011-2014 Mitarbeiter der Abteilung Ägyptologie der Universität Bonn und Kurator des Ägyptischen Museums der Universität; seit 2015 Mitarbeiter einer Kaffeerösterei in Altenberge bei Münster.

Außerdem im Verlag erschienen:

Reihe: Hans-Bonnet-Studien zur Ägyptischen Religion

Herausgegeben von
Ludwig D. Morenz

Ludwig D. Morenz
Bd. 2: Hoffen und Handeln
Vom altägyptischen *Heka*
198 S., Broschur
ISBN 978-3-86893-214-0

Ludwig D. Morenz
Bd. 3: Performative Superglyphen als eine graphisch inszenierte Göttersprache: Solare Patäken mit dem machtgeladenen Namen des Sonnengottes
133 S., Broschur
ISBN 978-3-86893-314-7

Ludwig D. Morenz
Bd. 4: Multikulturelle Magie und ihr alt-neuer Gott. Zur antiken Hybridgestalt des alectorocephalen Anguipeden
112 S., Broschur
ISBN 978-3-86893-319-2

Reihe: Studia Euphratica

Herausgegeben von
Harald Hauptmann,
Ludwig D. Morenz und Klaus Schmidt

Ludwig D. Morenz
Bd. 1: Medienevolution und die Gewinnung neuer Denkräume
Das frühneolithische Zeichensystem (10./9. Jt. v.Chr.) und seine Folgen
281 S., Hardcover
ISBN 978-3-86893-105-1

Ludwig D. Morenz, Beryl Büma
Bd. 2: Gesichts-Fragen
Bildanthropologische Blicke
Europäisches Paläolithikum
Vorderasiatisches Neolithikum
Bronzezeitliches Ägypten
187 S., Hardcover
ISBN 978-3-86893-230-0

Ludwig D. Morenz
Bd. 3: Göbeklis Götter
Die globalgeschichtlich erste HerausBildung von restringierter Semographie zur Präzisierung neuartiger sakraler Bildlichkeit im 10./9. Jahrtausend
73 S., Hardcover
ISBN 978-3-86893-380-2

Reihe: Bonner Ägyptologische Beiträge

Die Bonner Ägyptologischen Beiträge (BÄB) werden herausgegeben von den Mitarbeiterinnen und Mitarbeitern der Abteilung für Ägyptologie an der Universität Bonn. Zu Beiträgen laden wir herzlich ein

Ludwig D. Morenz
Bd. 1: Zählen – Vorstellen – Darstellen
Eine Archäologie der altägyptischen Zahlen
147 S., Broschur, ISBN 978-3-86893-121-1

Violaine Chauvet
Bd. 2: Crafting Elite Identity in the Old Kingdom.
The *Imakh*-Status in Private Tombs
ca. 150 S., Broschur
ISBN 978-3-86893-313-0

Ludwig D. Morenz
Bd. 3: Kleine Archäologie des ägyptischen Humors
Ein kulturgeschichtlicher Testschnitt
250 S., Broschur, 2. Auflage
ISBN 978-3-86893-124-2

Martin Fitzenreiter
Bd. 4: Original und Fälschung im Ägyptischen Museum der Universität Bonn
Mit Beiträgen von Sarah Konert, Robert Kuhn, Uta Siffert und Sabrina Weil
236 S., Broschur, ISBN 978-3-86893-155-6

Sarah Konert, Ludwig D. Morenz, Sabrina Weil
Bd. 5: Skarabäen des späten Mittleren Reiches und der Hyksoszeit Käferamulette aus der Sammlung Müller-Feldmann
124 S., Broschur, ISBN 978-3-86893-156-3

Ludwig D. Morenz
Bd. 6: Der *Erinnerer* – ein bedrohlicher altägyptischer Dämon und die existentielle Furcht vor dem Totengericht
124 S., Broschur, ISBN 978-3-86893-161-7

Uta Siffert
Bd. 7: Ein Eingeweidekasten aus der Sammlung Preuß im Ägyptischen Museum der Universität Bonn
Mit 30 farbigen Abbildungen
232 S., Broschur, ISBN 978-3-86893-188-4

Kirsten Konrad (Hg.)
Bd. 8: Macht, Weisheit und Unsterblichkeit
Motive der westeuropäischen Ägyptenrezeption des 19. und 20. Jahrhunderts
158 S., Broschur, ISBN 978-3-86893-188-4

Ludwig D. Morenz
Bd. 9: Trauma und Therapie?
Die Schöpfung der *schönen Literatur* als eine kulturpoetische Bewältigung des Königsmordes an Amenemhet I.?
114 S., Broschur, ISBN 978-3-86893-326-0

Martin Fitzenreiter
Bd. 10: Technologie und / als / eine Kulturwissenschaft
Gedanken zu einer Archäologie von Dingen und Menschen erläutert und mit Beispielen versehen anhand der Funde des Bronzegusskonvolutes von der Qubbet el-Hawa (Ägypten)
474 S., Broschur, ISBN 978-3-86893-340-6

Elena Mahlich
Bd. 11: Der Kanalbau unter Dareios I.
Ein achämenidisches Bauprojekt in Ägypten
275 S., Broschur, ISBN 978-3-86893-341-3

Reihe: Studia Sinaitica

Herausgegeben von Amr El Hawary und Ludwig D. Morenz

Ludwig D. Morenz
Bd. 1: Das Hochplateau von Serabit el-Chadim
Landschaftsarchäologie und Kulturpoetik
220 S. Hardcover, ISBN 978-3-86893-119-8

Ludwig D. Morenz
Bd. 2: Menschen und Götter, Buchstaben und Bilder
Die frühen altkanaanäischen Schriftzeugnisse im Südwest-Sinai (2. Jt. v. Chr.)
211 S., Hardcover, ISBN 978-3-86893-145-7

Ludwig D. Morenz
Bd. 3: Sinai und Alphabetschrift
Die frühesten alphabetischen Inschriften und ihr kanaanäisch-ägyptischer Entstehungshorizont im Zweiten Jahrtausend v. Chr.
Mit Beiträgen von David Sabel
414 S., Hardcover, ISBN 978-3-86893-252-2

Ludwig D. Morenz
Bd. 4: Medienarchäologische Sondagen zum Ursprung „unseres" Alphabets vor 4000 Jahren
Auf den Spuren des sinaitischen „He-Stammes", der levantinischen Kanaanäer und der Ägypter im SW-Sinai des Mittleren Reiches
113 S., Hardcover, ISBN 978-3-86893-372-7

Gesine Morenz und Ludwig D. Morenz
Das Geheimnis von Stierhausen
Eine Such-Geschichte von der Erfindung des Alphabets
Erzählt und aufgeschrieben von Gesine und Ludwig Morenz
39 S., Broschur, farbig illustriert
ISBN 978-3-86893-209-6

Reihe: Themenhefte aus dem Ägyptischen Museum Bonn

Herausgegeben von Andreas Dorn und Ludwig D. Morenz

Ludwig D. Morenz und David Sabel
Bd. 1: Auf dem Weg nach Serabit el Chadim – Der Rastplatz von Rod el Air als Kulturmagnet
58 S., Broschur, farbig illustriert
ISBN 978-3-86893-206-5

Ludwig D. Morenz
Bd. 2: Transmediterrane Kulturkontakte in der Römerzeit
Von Altägyptischem in der römischen Tempelwelt und Griechisch-Römischem in der ägyptischen Tempelwelt
104 S., Broschur, farbig illustriert
ISBN 978-3-86893-243-0

Ludwig D. Morenz
Bd. 3: Ein Trigger für „unsere" Alphabetschrift
Die kanaanäisch-ägyptischen Göttergleichungen El-Ptah und Bacalat-Hathor
86 S., Broschur, farbig illustriert
ISBN 978-3-86893-301-7

Ludwig D. Morenz
Bd. 4: Römisches Kaisertum in ägyptischem Gewand
Vom *Pharao-fashioning* der Imperatoren Augustus, Domitian und Hadrian
74 S., Broschur, farbig illustriert
ISBN 978-3-86893-323-9

Reihe: Thot. Beiträge zur historischen Epistemologie und Medienarchäologie

Herausgegeben von Amr El Hawary und Ludwig D. Morenz

Ludwig D. Morenz
Bd. 1: Schriftentwicklung im Kulturkontakt
Das erste Jahrtausend der Alphabetschrift
244 S., Hardcover,
ISBN 978-3-86893-087-0

Ludwig D. Morenz
Bd. 2: VerLautungen von Macht
Entwicklung von Schrift-Bildlichkeit und Bild-Schriftlichkeit im Niltal des Vierten und frühen Dritten Jahrtausends v. Chr.
220 S., Hardcover,
ISBN 978-3-86893-347-5

Ludwig D. Morenz, Andréas Stauder, Beryl Büma (Hrsg.)
Bd. 3: Niltal und Zweistromland.
Wege zur frühen Schrift
ca. 250 S., Hardcover,
ISBN 978-3-86893-095-5

Ludwig D. Morenz
Bd. 4: Kultur- und mediengeschichtliche Essays zu einer Archäologie der Schrift
Von den frühneolithischen Zeichensystemen bis zu den frühen Schriftsystemen in Ägypten und dem Vorderen Orient
406 S., Hardcover,
ISBN 978-3-86893-096-2

Ludwig D. Morenz,
Bd. 5: Vom Kennen und Können
Zur Mentalitäts- und Mediengeschichte des Mittleren Reiches im Horizont von Abydos
222 S., Hardcover
ISBN 978-3-86893-312-3

Ludwig D. Morenz,
Bd. 6: Supplementärer Sinnüberschuß zur Ausweitung von Decorum
Ludologische Fallstudien im Ägyptischen Museum Kairo
142 S., Hardcover
ISBN 978-3-86893-339-0

Weitere interessante Titel finden Sie unter:

WWW·EBVERLAG·DE

EBVERLAG DR. BRANDT WWW·EBVERLAG·DE

Rainer Kuhl
Jägerstraße 47
13595 Berlin

Tel.: 030 | 68977233
Fax: 030 | 91607774
E-Mail: post@ebverlag.de